암호화폐 시대 부자 되는 원칙

키웨스트의
디지털
자산 투자

암호화폐 시대 부자 되는 원칙

키웨스트의 디지털 자산 투자

D I G I T A L   A S S E T

심지훈(키웨스트) 지음

시크릿하우스

추천사

• 디지털 경제로의 전환은 피할 수 없는 시대 변화입니다. 디지털 경제는 파괴적 혁신을 통해 새로운 미래를 만들 것입니다. 이 시대를 살아가는 사람이라면 예외 없이 디지털 경제를 이해하고, 또 활용해야 합니다.

윤태성 - 카이스트 기술경영전문대학원 교수,《기술은 어떻게 세상을 바꾸는가》,《기술전쟁》 저자

• 21세기 경제는 필연적으로 디지털 경제로 나아가게 될 것입니다. 따라서 디지털 자산의 특성과 투자 방법을 모르는 이가 부자가 될 수는 없을 것입니다. 풍요로운 21세기를 살고자 하는 사람은 반드시 읽어야 책입니다.

김형주 - 사단법인 한국블록체인산업진흥협회 이사장, 인하대 대학원 미래융합기술학과 초빙교수

• 디지털 자산 투자에 오랜 경험과 지식을 가지고 있는 저자가 디지털 자산 투자를 하려는 사람들을 위한 유익한 책을 집필하였습니다. 디지털 자산의 특수성에 따른 투자 원칙을 잘 설명하고 있어 디지털 자산 투자를 시작하시는 분들께 일독을 권합니다.

이정엽 - 블록체인법학회장, 법무법인 LKB 대표변호사, (전)서울회생법원 부장판사.《블록체이니즘 선언》 저자

• 모든 투자가 그러하겠지만 성공적인 투자를 끌어낸다는 것은 과히 쉬운 일이 아닐 것입니다. 디지털 자산의 초보 투자자에게는 더욱이 어디서부터 어떻게 투자해야 할지 방향을 잡는 것조차 쉽지 않은 것이 사실입니다. 이러한 측면에서 많은 시행착오를 경험하고 성공적인 투자를 끌어낸 전문 멘토를 만난다는 것은, 어쩌면 큰 행운일지도 모릅니다. 특히 디지털 자산에 대한 투자는 그리 오래되지 않은 역사가 있고 이제까지의 그 어떠한 투자보

다도 훨씬 더 어려운 측면이 있는 것, 또한 부정할 수 없습니다. 이 책은 디지털 자산의 기본적인 내용부터 어떻게 하면 단순히 자산을 불릴 수 있는 것을 나열한 것이 아니라, 투자의 가장 기본적이고 중요한 원칙을 제시하고 있다고 생각합니다. 새로운 분야의 새로운 부에 관심이 있는 분이라면 이 책을 꼭 읽기를 바랍니다. 그리고 묻지마 투자가 아닌 원칙과 소신이 있는 방법을 배워 자신만의 투자 철학을 완성하기를 희망합니다.

박재경 - 한국폴리텍대학 사이버보안과 교수, 국가사이버안전협회 이사장, 한국컴퓨터정보확회
　　　　가상자산가치평가원 원장

• 웹3.0 시대에서 블록체인은 플랫폼과 서비스의 안전성, 공정성, 가치성을 구현하기 위해 STO, DAO, NFT 등과 같이 오히려 확산하는 추세입니다. 이에 따라 블록체인 기반의 암호화폐는 디지털 자산으로서 새로운 포트폴리오 역할을 할 것으로 기대됩니다. 저자는 오랜 기간 암호화폐 분야에서 실전과 실력을 겸비한 전문가로서 이론과 경험을 통해 성공적인 투자전략을 서술하고 있습니다. 암호화폐 투자에 관심 있는 분들은 복잡한 합의 알고리즘과 스마트 컨트랙션보다 《키웨스트의 디지털 자산 투자》를 읽어보는 것이 훨씬 도움이 될 것입니다.

임명환 - 한국에이아이블록체인융합원(KABC) 원장, 前 한국정보기술응용학회(KITA) 회장

• 일반인이 쉽게 이해할 수 없는 '암호화폐'와 '디지털 자산'의 속성과 투자 가치를 접근하기 쉽고 우아한 문체로 명쾌하게 설명해 주고 있습니다. 저자는 다년간 축적된 통찰력을 바탕으로 암호화폐 시장에서의 실전적인 투자 방법, 디지털 자산을 보유하고 축적하는 장기적인 투자전략뿐 아니라, 성공적인 투자자의 반열에 오를 수 있는 풍부한 조언에 이르기까지, 새로운 디지털 자산의 경제적 중요성에 대한 명쾌한 해석과 매력적인 해법을 제시해 주고 있습니다.

이춘원 - 성균관대학교 경영전문대학원 SKK GSB 부학장

• 이 책은 디지털 경제의 중요성을 강조하며 디지털 자산 투자와 이를 통한 부의 창출에 대해 논합니다. 디지털 자산 투자를 주제로 함으로써 디지털 경제의 발전과 미래 경제 환경에서의 역할을 강조하고 있습니다. 또한 디지털 시대에 정보의 가치와 개인 투자전략의 중요성을 설명하여 빠르게 변화하는 디지털 경제 환경에서 효과적인 정보의 선별과 분석이 얼마나 중요한지 강조하고 있습니다. 이 책을 통해 독자들이 디지털 경제에 대한 이해를 높이길 기대합니다

한승헌 - 카이스트 기술경영학부 교수

• 데이터 종사자들에게는 늘 탈중앙화가 꿈이었으나, 항상 중앙화된 데이터의 강점을 이기지 못했습니다. 최근 몇 년간 넘치는 유동성 세상에서 탈중앙화의 열망이 가장 강렬한 곳 중 하나가 아마도 화폐시장이었을 것입니다. 화폐시장에서 탈중앙화의 꿈은 실현될까가 모두의 관심사이기도 합니다. 적어도 그 열망은 쉽게 사라지지 않을 것이 분명하고, 조절하는 중앙통제자가 없는 생태계처럼 안정되기까지 수없이 많은 부침을 겪을 것도 분명합니다. 부침이 클수록 위험도, 기회도 많습니다. 위험과 기회를 고민하는 투자자들에게 쉽게 접근할 수 있고, 편하게 읽히는 입문서입니다.

김이식 - 이산링크스 대표이사, 前 KT 빅데이터센터 상무

• 기술에 의해 부의 방향은 변하고 있습니다. 특히 블록체인에 의한 디지털 경제는 많은 새로운 산업과 기존 자산에 많은 변화를 가져왔습니다. 특히 Web 3.0 시대에 여러 디지털 상품들이 부를 가져오는 시대가 열리기 시작했습니다. 이러한 사회변화 및 투자환경에 변화는 개인의 가치 판단과 결단력을 빠르게 요구하고 있습니다. 이 책을 통해 디지털 자산에 관심 있는 분들이 디지털 경제의 인사이트를 얻기를 바랍니다.

권혁준 - 순천향대 경제학부 교수

• 저자는 이 책에서 친구에게 편안하게 이야기하듯이 자신의 투자 경험, 암호화폐 투자자라면 반드시 알고 있어야 할 정보 등을 설명하고 있습니다. 따라서 독자분들은 카페에서 친구로부터 암호화폐에 관한 이야기를 듣는 것처럼 쉽게 이 책을 완독할 수 있을 것입니다. 책을 읽고 난 독자라면 자신도 모르게 암호화폐 투자에 관한 남다른 통찰을 얻게 될 것입니다. 암호화폐 투자에 관심 있는 분들께서는 이 책을 반드시 읽어보기를 추천합니다.

전해청 - 법무법인(유) 파트너 변호사/변리사, 스타트업 전문변호사

• 블록체인, 메타버스 전문 인재 양성을 교육하면서 많은 전문 서적을 교재로 활용하고 있습니다. 그동안 수많은 디지털 자산 관련 이론 서적들은 많이 있었습니다만 이 책은 저자가 국내외 블록체인 현장을 직접 발로 뛰며 얻은 소중한 정보를 바탕으로 한 것이기에 디지털 자산에 관심이 있는 분들에 지침서로 추천합니다.

도상혁 - 한국에이아이블록체인융합원 사무총장

• 현대 사회는 급격한 디지털화와 기술 혁신의 파도에 휩쓸려 끊임없이 변화하고 있습니다. 이러한 변화에 맞춰 달라지는 금융 시장 속에서, 디지털 자산은 새로운 기회로 주목받고 있습니다. 디지털 자산에 대한 깊은 이해와 전략적 사고 방식을 배우고 싶으신 분. 신흥 부자들의 성공 이야기를 바탕으로 한 현실적인 조언을 듣고 싶은 분들께 추천합니다. 부의 창출과 경제적 자유를 향한 첫걸음을 뗄 준비가 되었다면, 이 책은 여러분의 성공을 위한 가이드가 될 것입니다.

카를로스 고리토 - 브라질 대사관 교육 담당관, 방송인(비정상회담 출연 외 다수)

디지털 자산 투자, 그리고 신흥 부자의 탄생

아주 원론적인 얘기부터 시작해볼까 합니다. 우리가 투자하는 이유는 돈을 벌기 위해서입니다. 모두 부자가 되기를 원합니다. 하지만 개인 투자자로서는 분명 한계가 있습니다. 투자하는 방법도 잘 모르겠고, 좋은 상품만을 골라 투자하기도 쉽지 않으며, 투자한 뒤에는 늘 불안하기만 합니다. 원하는 만큼 수익이 나지 않으면 귀가 얇아지면서 호재 꽁무니만을 찾아 헤매곤 합니다. 그러면서도 당면한 악재는 애써 외면하려고 들죠. 어떻게 해야 할까요?

한국에서 개인 투자자가 자산을 증식시키는 방법은 전통적으로 부동산과 주식에 투자하는 것이었습니다. 빌딩과 아파트로 대변되는 부동산 시장에서 돈을 번 부자들은 주변에 워낙 많습니다. 하지만 부동산 시장은 항상 정부의 정책에 좌지우지되고, 본인의 의지와 상관없이 등락이 결정되는 한계를 안고 있습니다. 지하철역 개

통을 통해 형성되는 역세권은 본인이 공부하거나 노력한다고 해서 생기는 것이 아닙니다. 아파트 갭투자가 아니라면 긴 시간 동안 보유하고 있어야 수익을 낼 수 있는 상품입니다.

한편 주식투자는 일일 상승 폭이 제한되어 있어 단기간에 큰 수익을 내기는 어렵고 큰 수익을 위해서는 장기투자를 하면서 꾸준한 상승곡선을 유지해야 합니다. 하지만 정보력과 자금력이 부족한 일반 개인들은 기관이나 큰손, 혹은 작전세력보다 나은 수익을 올리기란 쉽지 않죠.

이 두 가지 단점을 보완하고 뛰어넘어선 투자가 바로 디지털 자산 투자입니다. 부동산투자나 주식투자와 같은 전통적인 투자방식은 2017년 10월, 디지털자산거래소 업비트UPbit의 출범을 계기로 변화가 시작되었습니다. 암호화폐cryptocurrency 투자를 통해 성공을 거둔 신흥 부자들이 생겨나기 시작한 것입니다.

디지털 자산 투자는 대규모 준비자금이 필요치 않고, 상승 폭에 한계가 없어서 단기투자로도 충분히 성공을 거둘 수 있습니다. 이런 이유로 자산이 부족한 2030세대를 중심으로 빠르게 확산했습니다. 물론 상승 폭만큼 하락 폭도 크다는 위험성도 동시에 가지고 있습니다. 그래서 전문가의 조언과 끊임없는 공부가 필요한 것입니다.

2009년 1월 3일, 비트코인Bitcoin이 처음 발행된 이후 이더리움Ethereum 등 누구나 아는 유명한 코인들과 알트코인Altcoin까지 합치면 2만여 종목이 거래소에 상장된 상황입니다. 그런데도 아직도 많은 사람이 암호화폐를 신기루, 또는 '바다 이야기' 같은 사행성 게임 정

비트코인 ATM1(시애틀)

도로 치부하고 있습니다. 과연 그럴까요? 본인이 투자자가 아니라는 이유로 애써 외면하고 있는 것은 아닐까요?

일반적으로 새롭게 등장한 산업이 10년 이상을 버티면 지속 성장 가능한 산업으로 자리 잡았다고 평가합니다. 10년이 넘은 암호화폐 산업 역시 신기루라고 하기엔 생존 기간이 꽤 길다고 할 수 있습니다. 외면한다고 외면할 수 있는 문제가 아니라는 것입니다.

우리는 이미 2016년에 발간된 클라우스 슈밥의 책과 다보스포럼 등을 통해 '제4차 산업혁명'이 중요하다는 사실을 인지하고 있습니다. 초연결hyper-connectivity과 초지능super intelligence으로 내변뇌는 제4차 산업혁명은 이전의 산업혁명과 차원이 다릅니다. 과거 산업혁명과 비교해 더 빠르고 더 넓게 전 산업에 큰 영향을 미치고 있는데, 그 초연결의 핵심이 바로 블록체인blockchain이며, 이를 바탕으로 초지능이 강화되고 있는 것입니다. 지금 세계는 그 어느 때보다 세계화의 시대로 치닫고 있습니다. 대한민국 어딘가에 거주하고 있는 여러분의 경제환경은 원하든 원하지 않든 세계와 연결되어 있습니다. 지금 우리 개인들은 어떤 준비를 해야 할까요?

참여자가 독립적으로 검증한 거래정보를 '상호 합의'라는 절차에 의해 기록하고 보관하는 기술이 블록체인입니다. 이 기술이 중요한 이유는 '탈중앙화된 가치'와 모든 거래가 투명하게 드러나는 '투명성' 그리고 광범위한 산업에 있어서 적용, 가능한 '범용성'이라고 말할 수 있습니다.

아직은 제조, 유통, IT업체 등에 크게 접목이 되지 못하고 있으며, '암호화폐'가 가진 파급력도 시험단계입니다. 이럴 때일수록 옥석을 잘 가려서 투자한다면 머지않은 미래에 소위 말하는 '경제적 자유'에 도달할 수 있습니다.

제가 나름의 데이터를 통해 분석한 결과, 주식이든 암호화폐든 투자로 성공하는 사람은 10%가 되지 않았습니다. 성공한 사람 중에서도 큰돈을 버는 사람은 1%가 안 된다는 결론을 내렸습니다. 하지만 제대로 된 투자 방법을 배우고, 원칙을 세우고, 매일 꾸준하게 실천해 나간다면 개미투자자들에게도 길은 열려있습니다. 단, 누구에게나 열려있는 길이지만 고통스러운 노력이 있어야 걸어갈 수 있습니다. 최고의 펀드매니저라고 불리는 조지 소로스가 남긴 명언을 명심하시길 바랍니다.

"투자하는 것이 즐거움을 준다면, 당신은 아마 돈을 벌고 있는 게 아닐 겁니다. 좋은 투자는 지루합니다."

많은 주변 분들이 필자에게 이런 질문을 합니다.

"제가 잘 아는 지인이 저에게 A 코인을 소개해줬는데 어떨까요? 사도 될까요? 오를까요? 의견 주시면 감사하겠습니다."

참으로 안타까운 것은 필자에게 질문한 사람 중에 대기업 임원급 이상인 분들, 교수님들도 계셨는데, 그것이 '사기'인지 조차 모르고 소위 말하는 제대로 된 '우량종목'과 '스캠 코인'을 구분하는 능력이 없었다는 사실입니다. 그리고 또 하나의 안타까운 사실은 '지인'으로부터 사기를 당하는 사례도 많았는데, 1억 원 이상도 다수 접했습니다.

이에 필자가 사무국장으로 활동하고 있는 '디지털 경제 협의회'의 가장 중요한 신설 목적이 바로 '투자자 보호'입니다. 2천 명 넘는 분들에게 투자 상담하면서 깨달은 바가 있기에 사무국장으로서 개미투자자들의 보호와 수익 극대화를 위해 국회 입법 지원 활동, 칼럼 기고, 주요 언론사 인터뷰, 국내외 각종 블록체인 관련 세미나 참여, 업체 실태 조사 등 공익적인 활동을 펼치고 있습니다.

필자는 1998년부터 주식투자를 시작했습니다. 그런데 현재까지도 일부 증권사들은 투자자들이 똑똑해지는 것을 바라지 않는 것

키웨스트의 디지털 자산 투자

Keywest Home Studio (최고 사양 PC, 모니터 4대와 5.1ch 음향시스템)

같습니다. 언제나 그저 그런 정보들만 제공해줍니다. 따라서 제대로 된 실전 투자책을 발견하지 못한 필자는 본 책을 통해서 '투자'에 대한 실전을 배울 수 있도록 준비하였습니다.

자, 여러분은 지금 이 책을 구매하셨고, 서문을 읽고 계십니다. 구매라고 하는 투자를 결정했으니 당연히 어떤 성과를 기대하겠죠. 기대한 이익을 얻고자 하는 것. 이것이 바로 투자의 목적이니까요. 먼저 잃지 않는 방법을 알려드리고, 수익을 내는 방법을 알려드리도록 하겠습니다.

만일 감으로 하는 투자, 원칙 없는 투자를 하고 계셨던 분이라면 제 글이 조금이나마 도움이 되어 '스마트 개미'로 다시 태어나는 계기가 되었으면 좋겠습니다. 이 졸저로 인해서 투자에 대한 가치관, 원칙이 변화되는 독자가 단 1명이라도 있다면 저는 만족할 것입니다. 저로 인해 투자에 성공하고, 그래서 더 행복해지는 사람이 한 명이라도 더 생겨나길 바라는 마음뿐입니다. 그것이 저의 보람이고, 제가 일하는 이유이기도 합니다. 아울러 모든 이들이 행복해졌으면 좋겠습니다.

이 책을 통해 성과로 획득하게 될 '경제적 자유'를 통해 나 자신은 물론 가족, 친구, 소외된 사람들에게까지 행복하게 만들어 줄 수 있는 '베푸는 투자자'가 되시길 기원합니다. 단, 앞서 언급한 것처럼 개인의 고통스러운 노력이 뒷받침되지 않으면 '성공'은 여러분에게서 점점 멀어질 것이라는 사실을 명심해 주시기 바랍니다.

'Impact' Korea Blockchain Week 2023
The Shilla Hotel, Seoul Sep 5~6, 2023 | 국내최대 블록체인 컨퍼런스

심지훈(키웨스트), Chiliz CEO(Alexandre Dreyfus) 시가총액 5천8백억원(73위)

심지훈(키웨스트), Near Protocol 공동창립자(Illia Polosukhin) 시가총액 1조4천억원(42위)

심지훈(키웨스트), APTOS CEO(Mo Shaikh) 시가총액 1조6천억원(36위)

심지훈(키웨스트), 김석환(Paul S. KIM) Yes24 대표이사, 부회장

차례

1장

디지털 자산 투자
제대로 알기

최초의 디지털 화폐,
비트코인의 가치

비트코인BTC, Bitcoin은 이제 모르는 사람이 없을 정도로 유명한 온라인 화폐입니다. 그렇지만 비트코인을 포함한 암호화폐에 대해 정확히 아는 사람은 의외로 많지 않습니다. 손으로 만져본 적도 없는 화폐에 투자할 생각이 없으므로 아예 알고 싶지 않다는 사람들도 있고, 현재 투자하고 있지만 잘 몰라도 큰 지장이 없으므로 굳이 더 알고 싶지 않다는 사람들도 있습니다. 그렇지만 이미 두 번의 큰 상승을 가져다준 기회의 시장에서, 그리고 앞으로 다가올 3차 상승에서 소외될 안타까운 생각입니다.

엄연히 하나의 중요한 화폐로서 전 세계 어디서나 통용되고 있고, 미래에 더 큰 비중을 차지할 것이기 때문에 상식 이상의 지식을 갖출 필요가 있습니다. 또한 현재 투자자라면 더 자세히 알아둘 필

키웨스트의 디지털 자산 투자

요가 있습니다. 전자와 후자 모두 내 재산을 지키고 증대시키는 좋은 방법이기 때문입니다. 이런 이유로 본문에 들어가기에 앞서 암호화폐에 대한 기본적인 사항부터 정리해 볼까 합니다. 암호화폐의 대명사인 비트코인 위주로 설명하겠습니다.

비트코인은 2008년 10월 사토시 나카모토(가명)라는 프로그래머가 개발한 가상화폐입니다. 중앙은행의 개입 없이 개인들 사이에서 자유롭게 금융거래를 할 수 있도록 설계했습니다. 거래장부를 블록체인 기술을 바탕으로 전 세계 사용자들의 서버에 분산시켜 저장하는 방식을 채택했습니다. 해킹이 불가능한 구조라고 안전성을 내세웠습니다. 그런데 오히려 이런 이유로 검은 돈의 자금세탁에 사용될 것이라는 오해도 난무했습니다.

하지만 거래의 익명성만 보장될 뿐 모든 기록이 거래소에 남기 때문에 범죄에 사용되더라도 자금의 흐름을 찾아낼 수가 있습니다. 간혹 해킹당하기도 하지만 대비책과 보상책이 있어서 생각보다 큰 걱정은 하지 않아도 됩니다. 2009년 1월 3일, 제네시스 블록 채굴에 처음으로 성공하였으며 첫 채굴 결과는 50BTC였습니다. 당시 금전적 가치는 '0'에 가까웠으나 현재로 환산하면 20억 원에 가까운 엄청난 가치를 갖고 있습니다.

비트코인의 탄생 배경을 설명하기 위해선 2007년 월스트리트의 도덕적 해이로부터 촉발된 서브프라임 모기지subprime mortgage 사태를 언급하지 않을 수 없습니다. 당시 미국은 제로금리 상황이라서 거의 무이자로 아무에게나 대출을 해줬습니다. 갚을 능력이 없는 사람들에게도 돈을 빌려준 것은 물론이고, 심지어 10억을 빌렸다면 입주 인테리어도 하라고 1억을 더 대출해주는 어처구니가 없는 상황이었습니다. 이는 달러의 가치가 별로 없었다는 방증이기도 했습니다.

문제의 시작은 모기지론을 갚지 못하는 사람들이 생겨나면서부터였습니다. 은행들은 모기지론을 쪼개서 새로운 상품으로 만들어 팔기 시작했는데 이것이 바로 문제를 촉발한 파생상품derivative입니다.

전액 회수하지 못할 부실한 대출상품으로 전락하자 이를 다른 금융기관에 팔게 되는데 쪼개서 넘기고 또 쪼개서 넘기고 하는 과정을 거치면서 문제가 생겼습니다. 사실상 대출금 회수가 불가능한 정도의 정크본드였는데, 쪼개다 보니 상태가 양호한 상품처럼 둔갑하게 된 것입니다. 이러한 상품들이 결국 회수 불가능한 상태가 되면서 금융기관이 파산하는 등의 문제가 발생한 것입니다.

월스트리트에서는 이렇게 하면 안 된다는 것을 알고 있었습니다. 특히 금융권 엘리트들은 이것이 심각한 문제를 일시적으로 감추는 것일 뿐, 결국 폭탄 돌리기와 같다는 사실을 잘 알고 있었습니다. 그럼에도 불구하고 이런 파생상품을 만들고, 심지어 서로 매입해주는 도덕적 해이가 발생했던 것입니다. (영화 '빅 쇼트'를 반드시 보기를 권합니다.)

더욱 근본적인 이유는 금을 풍부하게 보유하고 있는 미국이 주축인 금본위 및 고정환율제도를 기반으로 하는 브레턴우즈체제 (Bretton Woods System : 1944년 미국 브레튼우즈에서 열린 44개국 연합회의에서 탄생한 국제 통화제도. 미국 달러화를 기축통화로 금 1온스를 35달러에 고정해 통화 가치 안정을 꾀하는 환율 체제)에서 이젠 금 없이도 달러를 마음대로 찍어낼 수 있게 만든 것에 있다는 것이 정설입니다.

또한 달러의 가치가 지속해서 하락하고 있으므로 중앙에서 발행하는 화폐를 더는 믿지 못하겠다는 이유도 있었죠. 그렇게 대안으로 탄생한 최초의 디지털 화폐가 바로 비트코인입니다. 그렇다면 비트코인의 가치는 어떻게 결정되는 것일까요? 정말로 가치의 실체가 있기는 한 것일까요?

암호화폐 채굴, 해도 될까?

미국의 연방준비제도FED는 자국의 경기회복을 위해, 듣기 좋은 말로 '양적완화Quantitative Easing' 운운하면서 마구마구 달러를 찍어댑니다. 이 돈은 곧 전 세계로 풀려나가게 되는데 이는 사실상 미국의 인플레이션을 수출하는 셈이고 동일한 100달러의 가치가 계속해서 낮아진다는 뜻입니다. 최근 달러의 헤게모니에 대한 우려와 함께 탈달러화 움직임이 세계적으로 확산하는 추세이긴 합니다만 그렇게 쉬워 보이지는 않습니다. 하지만 그런 움직임이 있다는 것만으로도 중요한 의미가 있습니다. 이런 달러 패권에 중국이 계속해서 도전장을 내고 있지만 아직 큰 성과는 없어 보입니다.

한편 비트코인은 조폐공장에서 찍어내는 것이 아니라 컴퓨터 프로그램을 통해 생성되는, 말 그대로 온라인 화폐입니다. 중앙정부 같은 공공기관에서 발행하는 것이 아니라 개인이 컴퓨터로 생성하는데 이를 광산에 빗대어 채굴mining이라고 합니다. 온라인에서 이루어지는 채굴이지만 자원이 무한정한 것은 아닙니다. 애초에 설계된 비트코인의 최대 발행량은 2,100만 개로서 그 이상은 발행될 수 없습니다.

2023년 7월 기준으로 현재 약 1,943만 개가 발행되었는데 약 92.4%에 달하는 비트코인이 채굴되었으며 전문가들은 2140년 즈음이면 전부 발행될 것으로 예상합니다. 2023년 4월에는 반감기가 예정되어 10분당 채굴 가능한 양이 현재 6.25BTC에서 절반으로 줄어든 3.125BTC로 감소할 것으로 전망됩니다.

이처럼 수량이 유한하다는 게 암호화폐의 기축통화인 비트코인과 달러의 큰 차이점입니다. 그리고 이것이 가치를 유지하는 비결이기도 합니다. 조금 더 들어가 보도록 하겠습니다.

채굴에는 작업증명방식과 지분증명방식 2가지가 있습니다. 우선 작업증명방식POW, Proof of Work은 간단히 말해 문제를 잘 푸는 컴퓨터에 일정량의 암호화폐를 지급하는 방식입니다. 개인의 채굴기miner를 마이닝풀mining pool에 등록시킨 후 내가 보유한 지갑과 연결해 일정한 시간마다 채굴된 암호화폐를 받는 방식입니다. 채굴기는 보통 그래픽카드 8개로 구성되며 24시간 가동되는데 열이 많이 발생하면서 종종 화재로 이어지기도 합니다.

POW의 여러 가지 문제점과 전력 사용으로 인한 환경 이슈로 인해 점점 쇠퇴하면서 지분증명방식POS, Proof of Stake이 대안으로 등장했습니다. POS는 내가 보유한 암호화폐 수량에 비례하여 일정한 양을 배부받는 채굴하는 방식입니다. 주식을 일정 기간 보유했을 때 받는 '배당금'과 비슷한 개념이며, POW와 달리 전기를 많이 사용하지 않기 때문에 친환경적이라고 할 수 있는데 단점도 있습니다. 보유 수량이 많은 일부 채굴자가 시장을 장악할 가능성이 커져 암호화폐의 기본 철학이었던 탈중앙화Decentralization의 반대개념인 중앙화Centralization에 근접하게 된다는 모순점을 갖는 것입니다.

암호화폐 채굴에는 대부분 '반감기'와 '난이도 조정'이라는 장치들이 존재합니다. 반감기는 일정 시간이 지나면 동일 조건일 때 채굴 생산성이 절반 또는 그 이하로 낮아지는 것을 말합니다. 난이도 조정은 시간이 지날수록 암호화폐의 인플레이션을 방지하기 위하여 채굴 난이도를 올려 생산을 어렵게 만드는 것입니다. 즉, 동일한 채굴기를 가지고 채굴한다고 가정 시 채굴기 성능이 2배 높은 것을 가져와도 생산량은 동일하다는 것을 의미합니다. 그래서 채굴기 투자는 예를 들어 2년만 지나도 하루에 4개 채굴하던 채굴기가 2년이 지나면 1개 채굴하는 정도로 생산성이 급격하게 낮아질 수 있습니다.

이러한 생산성 제한은 곧 채굴자의 생산성 하락으로 이어지므로 꼭 참고하길 바랍니다. 채굴자가 되려고 한다면 매일 채굴되는 특정 암호화폐 수량과 현재 암호화폐 시세 등을 고려하여 신중하게 결정하는 것이 좋습니다. 특히 업체에 채굴을 위탁할 때는 믿을 만한 회사인지 아닌지 면밀하게 살펴보길 권하지만 개인적으로 추천하고 싶지는 않습니다.

이더리움 채굴기 3호

　필자의 경험을 말씀드리자면 2017년 여름부터 이더리움 채굴을 시작했는데 채굴기 4대를 기준으로 한 달에 2.4개 정도 채굴되던 것이 약 1년이 지나면서부터 한 달에 0.6개 정도로 생산성이 낮아져서 채굴기를 처분한 사례가 있습니다. 아울러 채굴기가 한 달에 4대 기준으로 4번 정도 정지되고 1대당 며칠 동안 채굴이 중단되는 일이 비일비재 하기에 매우 스트레스를 받게 되며 이 부분은 위탁업체에서 보상해 주지 않습니다.

　대부분의 암호화폐는 비트코인처럼 사전에 총발행량이 정해져 있고 백서white paper에 이러한 내용이 반드시 기재되어 있으므로 해당 코인의 백서를 꼭 확인해야 합니다. 백서에 유통계획을 설명하지 않은 암호화폐도 일부 존재합니다. 한편 일부 암호화폐는 발행량이 무한대인 경우도 있는데 이는 화폐의 미래가치가 지속해서 낮아질 수도 있다는 뜻이 되므로 주의해야 합니다. 백서의 중요성은 책에서 따로 자세히 언급하도록 하겠습니다. 코인 기본정보나 발행량, 유통량 정보 등은 코인마켓캡 홈페이지에서 확인, 가능합니다. 현재는 바이낸스에서 인수하여 운영하고 있습니다.coinmarketcap.com

암호화폐로 수익을 창출하는 법

암호화폐로 수익을 창출하는 방법은 위에 언급한 직접 채굴과 재정 거래Arbitrage, 그리고 직접 트레이딩, 이자 농사 등 여러 가지 방법이 있습니다. 채굴을 통한 방법은 노력 대비 성과를 내기도 어렵거니와 채굴에 유리한 암호화폐를 발견하더라도 채굴기 특성상 모든 암호화폐를 채굴할 수도 없고, 위탁하는 경우 업체가 도산하여 갑자기 사라질 리스크도 있기에 권하지 않습니다.

또한 거래소마다 비트코인 가격이 환율에 따라 차이가 있습니다. 이는 소위 김치 프리미엄이라고 불리는 현상 때문이죠. 따라서 바이낸스 거래소에서 비트코인을 매수하여 업비트에서 매도한다면 수익을 낼 수 있겠지만, 다시 바이낸스로 보내는 일련의 활동과 금액이 '외환관리법'에 저촉될 수 있어 권하고 싶지 않습니다. 또한,

이 방식은 트래블룰Travel Rule로 인해 거래소 간 전송 시 규제의 대상이 될 수 있습니다.

다음으로 주식시장과 마찬가지로 비트코인이 쌀 때 사서 비쌀 때 파는 전통적인 방식도 있습니다. 2009년 출현한 비트코인은 4년 10개월 만에 2만 배 오른 적도 있죠. 당시 엄청난 고수익으로 인해 비트코인을 '금 2.0'이라고 부르기도 했습니다. 그러나 이후 가격이 급락하는 등 고위험 투자상품이라는 점을 여실히 보여준 바 있습니다.

참고로 비트코인의 가격은 2021년 11월, 약 8,270만 원이었으나 계속 하락하는 추세입니다. 2023년 1월 저점 가격은 2,090만 원이었고, 7월에는 저점 대비 약 2배 상승한 약 3,900만 원을 기록했습니다. 필자의 개인적인 전망으로는 2024년에 1억 6천만 원 정도까지 기록할 것으로 예상합니다.

최근 암호화폐를 기반으로 한 금융상품은 점점 더 다양해지고 있습니다. 그래서 기본적으로 디파이와 씨파이의 차이점은 알아둘 필요가 있습니다. 씨파이CeFi, Centralized Finance는 '중앙화 금융'을 의미합니다. 이는 금융 행위의 주체가 중앙, 즉 암호화폐 거래소라는 뜻입니다. 이와 반대 개념인 디파이DeFi, Decentralized Finance는 '탈중앙화 금융'으로서 중간 관리자(제3자) 없이 개인끼리 지갑을 연결하여 암호화폐별로 거래하는 방식을 뜻합니다.

디파이의 특징은 중간에 금융사가 없으므로 수수료를 낼 필요가 없다는 점입니다. 그래서 여러 디파이 프로토콜들은 이 비용으로 호객행위를 합니다. 수백 퍼센트의 파격적인 연이율을 제공하거나, 주요 고객에게 보너스 가상자산을 주는 식입니다. 이제 겨우 서너 해 정도 된 상품인데 미끼가 워낙 매력적이라서 시장 규모가 빠르게 성장했습니다. 게다가 규제가 없으므로 파격적인 조건을 내세울 수 있었는데 이 말은 곧 리스크도 크다는 것입니다. 먹튀 하는 사례도 종종 벌어지고 있으니 조심해야 합니다. 그리고 높은 이자는 약 1개월 이내에 적용되고 참여자가 증가할수록 나눠 갖는 구조이므로 투자자가 적용받을 수 있는 이자율은 급격하게 하락하게 됩니다.

한국금융연구원이 2022년 11월에 발표한 '탈중앙화 금융^{DeFi}의 현황과 법제 정비 방향'에 따르면 현행 은행법이나 자본시장법으로 디파이를 규제하기 어렵다고 분석했습니다. G20의 국제금융 당국 협의체인 금융안정위원회^{FSB}는 디파이 규제 방안을 2023년 여름에 내놓을 계획이기도 합니다.

이처럼 초보 투자자들은 디파이 투자가 다소 어려울 수 있습니다. 위험성 외에도 절차가 어렵고 복잡한 경우가 많기 때문입니다. 거래소 이외에 별도 지갑을 만들어서 전송하고 코인을 다른 코인으로 스왑^{swap} 하는 등 프로세스가 만만치 않기 때문에 극소수의 투자자만 참여하고 있습니다. 아울러 국내보다 해외업체들이 참여하는 경우, 문제 발생 시 직접 전화 통화가 불가하므로 주로 이메일이나 채팅을 통해 영어로 처리해야 합니다. 그리고 대한민국처럼 일 처리가 빠르지 않습니다. 이런 곤란한 경우를 겪으신 분들이 필자에게 여러분 문의해 주셔서 해결해 드린 경험이 있는데, 단순한 문제였는데도 2개월이 넘게 소요된 경우가 있습니다. 항상 우리는 투자 시에 발생할 리스크에 대비하여야 하며 내가 가진 능력을 넘어서게 되면 컨트롤이 불가한 점을 잊지 마시기 바랍니다.

그래서 스테이킹staking을 체험하고 싶다면 바이낸스, 업비트, 빗썸 등 거래소에서 제공하는 씨파이부터 체험해 볼 것을 권합니다. 스테이킹이란 자신이 가지고 있는 암호화폐를 블록체인 네트워크에 예치한 뒤, 이에 대한 보상으로 해당 플랫폼으로부터 암호화폐를 받는 것입니다. 지분으로 고정한다고 해서 'stake'라고 합니다. 앞서 언급한 POS의 stake와 같은 의미입니다. 은행으로 따지면 예금하고 이자를 받는 것인데 간단해 보이지만 꼼꼼히 살펴봐야 돈을 잃지 않습니다. 그리고 반드시 대형 순위권 거래소에서만 진행하시기 바랍니다. 안전하지 않은 거래소는 언제 갑자기 입출금을 먹고 사라질지 모른다는 생각을 항상 가져야 합니다.

투자자들 사이에 농담처럼 하는 말 중에 "거래소에 있는 코인은 내 것이 아니다"라는 말이 있습니다. 그렇게 과장된 표현이 아닐 수도 있습니다. 각 코인 재단별로 안정성이 확보되는지 잘 점검하고 투자에 임해야 합니다. 지난 3년간 업비트, 빗썸, 코인원에서 상장 폐지된 종목이 100개가 훨씬 넘는다는 사실도 잊지 말아야 합니다.

예를 들어 A 코인 10,000개를 100일 동안 맡기면 이자로 500개를 준다는 광고가 있다고 가정해 보겠습니다. 이 맡기는 행위가 바로 스테이킹이고, 100일 후 500개에서 수수료를 제외한 것이 나의 투자 수익이 됩니다.

100일이 되지 않았을 때 스테이킹을 중지하면 '철회 수수료'가 발생할 수 있는데 이 수수료율이 코인마다 다르고, 많이 요구하는 경우가 있으므로 계약 시 꼼꼼하게 확인하고 약정하는 것이 중요합니다. 만일 100일 이후에 가격이 급락한다면 신속하게 약정을 해지하고 매도하는 것이 오히려 현명한 방법일 수 있습니다.

또한 100일을 스테이킹할 때 30%의 APR 이자율로 이자를 지급한다는 설명에 혹해서 투자하는 경우도 있는데 함정에 빠지면 안 됩니다. 여기서 말하는 이자율은 대부분 APR로 표기되는데 간혹 APR을 월 이자율로 착각하는 사람도 있습니다. APR은 'Annual Percentage Rate'의 약자로서 연간 이자율을 뜻합니다. 금융 개념이 약하신 분들은 10,000개의 30%인 3,000개를 100일 만에 받는다고 생각할 수 있을 것인데 큰 오산입니다.

30%를 365일로 나누면 1일 이자율인 0.082%가 나옵니다. 여기에 100일을 곱하면 8.22%가 되죠. 즉, 100일 동안 스테이킹할 때 받을 수 있는 코인의 개수는 3,000개가 아닌 822개인 것입니다. 이런 용어에 대한 정확한 이해와 계산이 필요하므로 꼼꼼하게 잘 살펴보시고 투자해야 합니다. 교묘한 표현으로 투자자를 현혹하는 사례는 이외에도 매우 많습니다. 만약에 시중 대형은행들이 이런 표기를 했다면 얼마나 많은 비난을 받겠습니까?

주식과 디지털 자산 투자의 공통점

주식투자와 디지털 자산 투자의 공통점과 차이점에 대해서도 알아보겠습니다. 사실 두 상품 모두 기본적인 투자의 원칙은 같습니다. "시세차익을 위해 투자한다"라는 것이죠. 이를 위해서 반드시 확인하고 지켜야 할 원칙들이 존재한다는 점에서도 비슷합니다. 원칙이란 바로 '투자상품의 금전적 가치'와 '해당 기업의 가치'를 분석하고, 투자하라는 것입니다.

첫째, 투자상품의 금전적 가치를 이해할 것

주식투자에 있어서 '시가총액'이라는 개념은 매우 중요합니다. '유통되는 주식 수'에 '현재가'를 곱해서 나온 금액을 말합니다. '현재가' 이전에 '액면가'라는 것도 있습니다. 액면가란 주권 표면에 적힌

키웨스트의 디지털 자산 투자

명목상의 금액을 말합니다. 모든 것이 전자화된 현재는 종이로 된 주권으로 거래하지 않으므로, 일반 투자자들은 실제 주권을 볼 일이 거의 없지만 한국거래소에 보관된 주권에는 액면가가 적혀 있습니다.

카카오의 시가총액은 2023년 7월 17일 종가 기준으로 23조 4,571억 원입니다. 만약, 누군가 카카오를 인수하고자 한다면 적어도 시가총액의 절반은 확보해야 경영권을 인수할 수 있습니다. 그런데 만일 독자 여러분에게 충분한 자금이 있다면 11.8조 원을 지불하고 카카오를 인수할 의향이 있으신가요? 그 정도로 매력적이고 미래가치가 충분한가요? 저평가된 회사인지 고평가된 회사인지 어떻게 투자 판단을 내릴 수 있을까요?

투자란 이렇게 자신에게 끊임없이 질문하고 고민하면서 결정해야 합니다. 기업 본연의 가치를 기반으로 주식의 가격을 따져보고 투자하는 기법을 '가치투자법'이라고 합니다.

주식시장과 마찬가지로 암호화폐 투자 또한 시가총액의 개념이 매우 중요합니다. 예를 들어 샌드박스^{SAND}는 2023년 7월 17일 현재 시가총액 순위 48위를 기록하고 있으며 시가총액은 한화 약 1조1천억 원입니다. 이 수치를 확인하셨다면 위에 언급된 것처럼 질문하고 고민해야 합니다.

"내가 만약에 자금이 충분히 있다면 시가총액 절반의 비용을 지불하고라도 인수할 것인가? 샌드박스라는 종목이 그 정도로 탁월하고 미래 성장 가치가 충분한가?"

암호화폐 투자에서는 '발행량(공급량)'이 몇 개로 설계되어 있는지, 현재 '유통량'이 얼마인지, 그리고 이를 통해 계산한 유통 비율이 현재 몇 퍼센트인지를 파악하는 것이 매우 중요합니다. 샌드박스를 예로 들면 총공급량은 30억 개이며, 유통량은 19.3억 개로 유통 비율은 약 64% 정도입니다. 즉, 향후 10.7억 개가 시중에 풀릴 수 있다는 뜻이므로 급격한 잔여량이 유통되는 일이 혹시나 발생하게 된다면 가격하락의 요인이 될 수 있다고 분석할 수 있는 것입니다.

제대로 된 암호화폐 재단이라면 향후 유통물량이 풀리는 시점과 수량에 대해 미리 공지하고 있습니다만 정보를 제대로 알려주지 않는 곳도 허다합니다. 심지어 백서에도 제대로 표기하지 않는 재단이 다수 있으니 주의가 필요합니다. 부도덕한 국내 암호화폐 발행사의 경우 일부러 영문 백서만 발행하고 한글 백서를 발행하지 않은 경우도 발견되었습니다. '백서White paper'에 대한 언급은 앞으로도 수시로 하게 될 것입니다. 동어반복이더라도 지루하다 생각하지 말고 그만큼 중요한 부분이라고 이해하시면 좋습니다.

여러분들은 반드시 암호화폐 종목별 시가총액, 액면가, 공급량, 유통량 등을 바탕으로 투자상품의 금전적 가치를 이해한 다음 투자해야 합니다. 주식시장처럼 상한가와 하한가가 존재하지 않으므로 30분 만에 100~300%p 상승도 가능하지만 90%p 이상 하락도 가능하다는 사실 또한 잊지 말아야 합니다. 경영 용어로는 변동성을 베타^{beta} 값으로 표현하며 주식에 비해 암호화폐는 베타 값이 매우 크다고 말씀드릴 수 있습니다. 내가 어떻게 임하는지에 따라 '투자'가 되기도 하고 '투기'가 되기도 합니다. 그런데 투자자들 대부분 '투자'가 아닌 '투기'를 하고 있습니다.

둘째, 재무제표 혹은 백서를 통해 회사의 가치를 분석할 것

기업의 가치는 재무제표를 통해 확인할 수 있습니다. 상법상 재무제표란 주로 재무상태표, 손익계산서, 이익잉여금처분계산서로 규정하고 있습니다. 일단 손익계산서에 국한해서 설명하겠습니다.

어떤 종목에 투자하기로 마음먹었다면 실행하기 전에 최소 5년간의 회사 실적과 영업이익 추이 등을 살펴봐야 합니다. 실적이 좋아지고 있는지, 아니면 그 반대인지 정도는 파악하는 것이 정석입니다. 영업이익은 '매출액'에서 '매출원가'를 빼고 얻은 '매출총이익'에서 다시 '일반 관리비'와 '판매비'를 뺀 것으로, 순수하게 영업을 통해 벌어들인 이익을 의미하는 것입니다. 이후 '지분법 이익' '금융수익' 등을 추가하고 법인세를 낸 이후의 수익이 '당기순이익'이 됩니다.

영업이익은 순수한 영업활동으로 벌어들인 돈으로, 해당 기업이 그 분야에서 얼마나 사업을 잘하고 있는지를 판단하는 기준입니다. 영업이익이 높다는 것은 그만큼 그 기업의 가치가 높다는 것을 말합니다. 이 정도만 살펴볼 수 있어도 '감'으로만 투자하는 사람보다는 성공할 가능성이 크지 않을까요? 기업이 배포하는 실적발표 PDF 파일을 열어 보는 수고도 없이 수익을 기대하는 것은 나무 아래에서 편안하게 누워 떨어지는 포도를 기다리는 여우와 다를 바 없습니다.

한편 암호화폐에는 재무제표가 아닌 백서white paper가 있습니다. 해당 화폐에 대한 모든 것이 담겨있는 문서로서 그 중요성에 대해서는 따로 지면을 할애하도록 하겠습니다.

투자의 변동 폭을 '베타계수Beta Coefficient'라고 합니다. 개별증권 또는 포트폴리오의 수익이 증권시장 전체의 움직임에 대해 얼마나 민감하게 반응하면서 변동하는지를 나타내는 수치를 말합니다. 가격 변동의 탄력도를 의미하는 것인데 암호화폐의 베타계수가 주식보다 많게는 20배 이상 차이가 나기도 합니다.(종목별 베타계수는 증권사 트레이딩 프로그램에 따라 제공하는 증권사도 있으니 참고하시기 바랍니다.)

암호화폐 시장이 2017년 말과 2018년 1월 1차 대상승을 겪으면서 2018년경 봄부터 주식투자에서 오랜 경험을 쌓았던 투자자들이 디지털 자산 투자로 넘어온 경우가 많습니다. 투자를 조금 했고 수익을 냈었다고 자부하는 투자자들이 단 며칠 만에 피눈물 흘리고 다시는 암호화폐는 쳐다보지 않는다고 다짐하고 떠나는 이유가 여기에 있습니다. 과거의 경험만 믿고 특히 '감'만으로 주식 투자하듯이 투자하면 매우 위험한 시장임을 명심하시길 바랍니다.

주식과 암호화폐 두 상품의 차이점은 일단 주식 기업, 암호화폐 재단을 분석하는 방법부터 차이가 존재하며 거래소의 거래 방식도 다릅니다. 주식시장은 개장과 폐장 시간이 정해져 있고 약 6시간

30분 정도 운영되지만, 암호화폐 거래소는 24시간 운영되기 때문에 투자자의 강한 체력을 요구합니다. 또한 디지털 자산 투자는 주식시장보다 정보를 얻기가 어려우므로 정보력이 더 중요합니다. 또한 해외 암호화폐가 주로 많아서 기본적으로 영어는 어느 정도 할 수 있어야 제대로 된 정보를 얻는 데 유리합니다. 안 그러면 한글로 번역되어 국내 뉴스에 나올 때 인지하게 되는데 그런 10시간 정도의 시간이 매우 큰 차이를 만들 수 있습니다. 22년 파산했던 FTX 거래소의 경우 이로 인한 급격한 하락이 밤 11시에 시작되었는데 필자의 경우 사람들에게 종목별로 30~50%p 급락하기 전에 위험을 알려서 미리 대피하게 알람을 제공했던 기억이 있습니다.

이러한 이유로 제대로 투자하겠다고 마음을 먹은 '준비된 투자자'가 아니라면 솔직히 적극적으로 권하고 싶지는 않습니다. 살아남기가 어려운 시장이기 때문에 본인의 체력과 투자 의지, 성향을 고려하여 진입하기를 권장합니다. 그래도 마음이 있으면 길은 있습니다. 단, 지름길이 아닙니다.

우선 꾸준히 공부해야 합니다. 진입하기 전에는 물론이고 진입한 후에도 끊임없이 책을 읽고, 전문성 있는 유튜브를 구독하고, 뉴스를 챙겨보면서 공부해야 '성투'할 수 있을 것입니다. 물론 공부하지 않고 요행으로 수익이 나는 경우도 있을 수 있습니다. 역설적이지만 장기적인 관점에서 본다면 그런 요행의 경험 때문에 살아남지 못할 수도 있습니다. 또 다른 요행을 믿고 투자했다가 더 큰 낭패를 볼 수도 있기 때문입니다.

절대로 "느낌이 좋다!"면서 감으로 투자하지 마시고 끈기 있게 공부하시길 바랍니다. 공부를 통해 얻게 되는 정보력에 승패가 갈 립니다.

리플, 미국 샌프란시스코(2022년 5월)

키웨스트의 디지털 자산 투자

코인과 토큰의 차이점은?

2009년 1월, 비트코인이 프로그램 소스를 배포하면서 이더리움ETH, 리플XRP 등 다양한 알트코인Altcoin들이 생겨났습니다. 알트코인이란 비트코인을 제외한 모든 암호화폐를 일컫는 말입니다. 비트코인이 바로 다양한 알트코인들 사이에서 기축통화 역할을 하고 있습니다. 해외에서는 주로 비트코인을 가지고 알트코인들을 사고, 팔기 때문인데 재미있는 현상은 알트코인을 매도하면 비트코인이 됩니다. 비트코인으로 알트를 매수하기 때문입니다. 그러나 한국에서는 주로 원화로 거래하기 때문에 이런 경험을 해보신 분들이 매우 적은 것으로 알고 있습니다.

4차 산업혁명 시대에 접어들고 있고 특히 글로벌화 된 기업들과 국가들에 있어 점차 다양한 알트코인들이 필요할 수 있는 상황이 되었습니다.

예를 들면 '챗GPT' 개발자로 유명한 샘 알트먼이 만든 가상화폐 '월드 코인' 같은 것입니다. 이 코인의 특징은 홍채를 인식하는 방식으로 가상지갑을 만들 수 있어서 별도의 신원 정보를 밝히지 않아도 된다는 것입니다. 2023년부터 서비스를 시작했는데 홍채 정보를 제공하는 가입자에게 매주 코인 1개를 보조금으로 제공하고 있습니다. 물론 추천하는 것은 아니며 개인 신체 정보를 제공하는 부분에 있어 상당한 논란을 초래할 수 있다고 생각합니다.

그럼, 코인과 토큰의 차이점을 알아볼까요? 독자적인 블록체인 플랫

비탈릭 부테린 이더리움 창립자

폼을 구축해서 생태계를 만들어 나가는 암호화폐를 코인coin이라고 합니다. 비트코인BTC, 이더리움ETH, 리플XRP, 폴카닷DOT, 코스모스ATOM, 클레이튼KLAY, 메타디움META 등이 있습니다.

　반면에 자체 블록체인을 보유하지 못하고 다른 블록체인 플랫폼에 의존하여 존재하는 암호화폐를 토큰token이라고 합니다. 크로미아ERC-20, 카이버네트워크ERC-20, 엘프ERC-20, 픽셀KCT, 무비블록OEP-4 등이 있습니다.

예를 들어 이더리움 버전의 블록체인을 사용해서 수수료를 지급하고 만들어진 암호화폐라면 토큰인 것입니다. 이 토큰은 이더리움과 쉽게 상호작용을 할 수 있다는 장점이 있습니다.

　사실 우리는 토큰까지 아울러서 일명 코인이라고 부르고 있는 현실입니다. 즉, 광범위한 의미의 '코인'이라는 의미와 좁은 의미의 '코인'의 의미가 존재한다는 사실입니다. 내가 투자하는 종목이 '코인'인지 '토큰'인지도 모르는 무지한 투자자가 되지 않기를 바랍니다. 중요한 점은 투자하는 암호화폐 고유의 특징이나 비즈니스 현황, 미래가치 등의 정보를 따져보는 것은 필수라는 점입니다.

2장

정보를 알아야 이긴다

전문가 멘토의 도움을 받으라

"도대체 경제에 대해서 어디서부터 어디까지 공부해야 하나요? 좀 쉽게 공부하는 방법은 없나요?"

확실히 말씀드릴 수 있는 것은 "불확실한 미래에 투자하는 유일하고도 가장 좋은 방법은 경제 공부"라는 것과 "쉽게 얻으면 쉽게 떠난다Easy come, Easy go"라는 것입니다. 어렵게 공부해야, 그리고 꾸준하게 해야 내 실력이 된다는 것은 동서고금의 진리입니다. 안타깝지만 공부에 왕도, 즉 지름길은 없습니다. 공부를 꾸준히 하다 보면 점진적으로 성장하는 것이 아니라, 어느 순간 나도 모르게 실력이 한순간에 확 올라오는 경우가 대부분이었습니다. 절대로 완만하고 선형적으로 성장하지 않습니다. 학습이 쌓여 한순간에 확 올라갑니다. 자신이 감당하기 힘들 정도로 말입니다. (말콤 글래드웰, 《아웃라이어》에서 '1만 시간의 법칙' 참고)

앞으로 정보와 공부의 중요성을 계속해서 강조할 것입니다. 필자는 참고로 시간 낭비를 가장 싫어하는데 일반뉴스는 샤워할 때 블루투스 스피커를 통해 들으며, 2가지 일을 동시에 진행하고 모니터는 4개를 동시에 사용하여 시간당 업무 효율을 극대화하려고 노력합니다. 전 직장 근무 시에도 지하철로 출퇴근할 때는 항상 책을 읽었습니다. 당시 한 칸에 100명이 있었다면 책 읽는 사람은 2~3명 남짓이었는데 나중에 내가 성공할 수도 있겠다는 생각이 들었습니다. 아울러 차를 이용하여 출퇴근할 때는 EBS '잉글리시 카페' 등을 들으며 영어 공부를 꾸준히 했습니다. 잘되고 성공하는 사람은 타고난 재능도 있겠지만 보이지 않게 남다른 노력을 합니다. 그리고 주말에도 독서를 하며, 한 달에 2권 정도는 읽는 습관을 꾸준히 유지했습니다. 그래서 직장 다니는 동안 약 300권 이상의 양서를 읽을 수 있었습니다.

거짓 정보의 홍수 속에서 옥석을 가리는 것도 중요하지만 더 중요한 것은 옥석을 가린 후 가장 중요한 정보를 '내 것으로' 만드는 일입니다. 어떻게 하면 될까요? 일단은 필자와 같은 전문가의 상담을 받는 것이 가장 좋습니다. 그런데 우리나라 사람들은 회사만 컨설팅한다고 생각하지, 개인에게 컨설팅받으려고 하지 않습니다. 그러나 필자는 개인 1:1 컨설팅을 진행하고 있고 앞으로도 지속할 것입니다.

암호화폐는 주식보다 관련 정보를 얻기가 훨씬 더 어렵습니다. 홈페이지에서 기본적인 재단 주소를 공개하지 않기도 하거니와 국내 암호화폐라고 하더라도 해외에 기반을 둔 경우도 다수 있기 때문입니다. 아울러 현재는 관련 법규가 호의적이지 않기에 필자가 암호화폐 관련 기업을 컨택하고 조사할 때도 제 신분에 대해서 먼저 확인하고 미팅을 하게 되는 경우가 대부분입니다. 그리고 1~2년 정도만 유지하고 먹튀하려고 하는 재단도 다수 존재하기 때문에 필자와 같은 전문가가 만나자고 하면 거절하는 경우가 많습니다. 왜냐하면 필자가 조사하면 문제 있는 재단인지 아닌지 바로 파악이 가능하기 때문입니다. 다만, 이런 조사 결과에 대해서는 필자의 생각이 옳다고 하더라도 상대방의 소송이 들어올 수도 있기 때문에 유튜브에 전체 공개로 알려드리지는 못하고 유료 멤버십 회원에게 제공하는 점은 아쉽습니다.

에피소드 하나 말씀드리면 어떤 국내 암호화폐 업체 조사를 나갔는데 강남 모처 뒷골목, 조폭 영화에 나올 것 같은 오래된 상가 2층에 이름도 붙어있지 않고 주소지 등재가 되어 있었습니다. 이런 사실조차 모르고 투자하는 개인투자자들이 매우 걱정되는 것이 현실입니다. 이런 사실을 공공연하게 알리게 된다면 필자의 신변 자체도 위험해질 수 있기 때문에 전체 공개로 알리지 못하는 것입니다. 다시 말씀드리면 암호화폐 업계의 잘못된 관행 중 하나가 홈페이지에 주소를 기재하지 않는 것입니다. 필자가 e-커머스에 정통하다고 말씀드렸는데 법적으로는 주소를 기재 안 해도 문제가 되지는 않습니다. 다만, 통상적으로는 쇼핑몰이라던 지 회사의 대부분 홈페이지에 주소를 기재해 놓습니다. 그런데 암호화폐 업계에서는 국내외 모두 주소 기재를 하는 곳이 매우 드뭅니다. 이런 관행은 하루빨리 개선되어야 합니다. 암호화폐 재단이 그만큼 외부에 대해 폐쇄적이라는 의미입니다. 트위터, 디스코드, 텔레그램 등 온라인 SNS에 공개하는 정보 혹은 언론사의 뉴스 등을 제외하면 정보를 얻기가 매우 힘든 것이 사실이고, 그래서 직접 암호화폐 컨퍼런스나 세미나에 참석하여 교류를 확대하고 있습니다.

이처럼 암호화폐 관련 정보를 얻는 것, 그리고 옥석을 가리는 것은 개인 혼자서 감당하기엔 무리가 있습니다. 자꾸만 한계에 부딪히면 지쳐서 중도에 포기하는 경우가 생길 수 있습니다. 이미 손실을 보신 분들도 많으실 겁니다. 그래서 멘토의 도움이 절대적으로 필요합니다.

멘토, 즉 선배나 선생은 모두 나보다 앞서 그 길을 걸어간 사람들입니다. 그들이 앞서 경험한 성공과 실패를 배우고 타산지석으로 삼아서 내 것으로 만들 수 있다면 이보다 더 좋은 공부는 없을 것입니다. 본인이 직접 경험한 실패도 당연히 성공의 디딤돌이 되겠지만 다른 전문가들의 경험을 내 것으로 만드는 것이 더 현명한 투자 공부법입니다.

그런데 과연 그런 멘토는 어디에 있을까요? 학생이라면 강의실에서 만날 수 있겠지만 사회에 나오면 그런 기회가 흔치 않습니다. 그래서 믿을 수 있는 전문가의 책과 유튜브 방송을 교재로 삼아서 공부해야 합니다. 유튜브를 병행해야 하는 이유는 책이 출간되려면 요즘에는 늦은 정보가 되는 경우도 많기 때문입니다. 양질의 컨퍼런스나 세미나 같은 오프라인 모임이 있다면 시간을 내어서 참석해 보아야 합니다.

"매일 배우세요, 특히 다른 사람들의 경험에서요. 그게 더 저렴합니다!"

투자자의 이익을 최우선으로 하는 철학을 주장해 월스트리트의 성인으로 통하는 존 보글이 남긴 명언입니다. 1975년 세계 최초로 인덱스 펀드를 개발하여 매년 30%가 넘는 엄청난 수익률을 달성한 사람의 주장이니 새겨들어도 좋을 것입니다.

"공부하기 싫으면 투자하지 말고 떠나라. 어차피 당신은 누군가의 '호구'가 될 테니."

필자는 이렇게 주장합니다. 너무 과격한 것 같나요? 아닙니다. 어떤 스포츠든 게임에 참여하기 위해서는 처음에 전문가로부터 '레슨'이라는 것을 받게 됩니다. 그런데 오늘 처음 레슨을 시작한 사람이 곧바로 제대로 된 게임을 펼칠 수 있을까요? 게임도 제대로 할 수 없는 사람이 '내기'를 해서 승리의 대가로 상대방의 돈을 가져올 수 있을까요? 이런 마인드는 '도둑놈' 심보와 크게 다르지 않습니다.

급변하는 시장에 대응하는 순발력, 판단력, 지속적인 학습 능력이 필요합니다. 비트코인을 중심으로 알트코인까지 영향을 미치는 특이한 시장구조를 먼저 이해하고, 특히 상·하한선이 없어 변동성이 매우 큰 시장임을 고려해 투자에 임해야 합니다. 매번 정확하고 빠른 판단을 내리는 것이 익숙하지 않다면 투자에 상당한 어려움을 겪을 수 있습니다. 그러니 전문가 멘토로부터 부지런히 배우면서 투자해야 합니다. 다만 어떤 멘토를 만나느냐가 중요하겠죠.

제 경험상 성공한 투자자들은 특별한 기술이 있어서 그렇게 된 것이 아닙니다. 요행을 바라지 않고, 가짜 뉴스에 흔들리지 않고, 매일 꾸준하게 공부하며, 세상의 변화에 눈과 귀를 기울이는 기본을 늘 지키고 있는 것이 '성공의 비결'이었습니다. 그리고 좋은 멘토가 늘 옆에 있었습니다.

제가 아무리 멘토의 중요성을 강조해도 독자가 받아들이지 않으면 무용지물입니다. 저는 상관없습니다. 하지만 진짜 선생의 말은 듣지 않고 거짓 선생들의 달콤한 말에 넘어가서 그릇된 투자를 하는 경우가 너무 많아서 안타깝습니다. 투자의 기본을 알려드리는 것은 물론이고 공부하는 방법과 그릇된 습관을 개선하는 방법 등을 누구보다 잘 알고 있다고 자신하기 때문에 감히 이런 조언을 드린 것입니다. 그리고 아래와 같은 쓴소리도 과감하게 하는 것입니다.

"투자에 소질이 없다고 생각되면 미련 없이 접으세요. 혼자만 망하면 다행인데 가정까지 망가질 수 있으니 절대 투자하지 마세요. 대관절 소질이 뭐냐고요? 공부를 포함해서 제가 말씀드리는 원칙들을 잘 지키는 것이 소질이에요. 그걸 하고 싶지 않으면 그냥 접으세요."

기본적인 본업도 열심히 하면서 투자를 통해 '경제적 부'와 '경제적 자유'를 얻고 싶다면 키웨스트 같은 제대로 된 멘토를 찾아가서 배우시길 바랍니다. 셀프 소개하는 것이 조금 쑥스럽기도 하지만 세상에 워낙 거짓 선생과 가짜 뉴스들이 많아서 드리는 충언입니다.

필자가 하는 일 중에서 가장 중요한 일은 글로벌 네트워크를 통해 정보를 체크하고 분석하는 것입니다. 때로는 직접 해외로 출장을 가서 고급정보를 얻기도 합니다. 전 세계의 블록체인, 암호화폐 컨퍼런스, 세미나, 포럼 등을 직접 발로 뛰고 찾아다닙니다. 국내뿐만 아니라 해외 암호화폐 발행재단도 직접 조사하러 다니곤 하죠. 동시에 약 200여 개의 텔레그램 방에 참여해서 직접 대화하며 정보

Alex Dreyfus(칠리즈 CEO, 2022년 9월 UDC)

를 얻어냈던 일도 있습니다. 물론 그렇게 노력해서 얻은 정보가 성투의 밑거름이 되었음은 당연합니다.

이러한 노력, 그리고 그것을 통해 얻은 성공은 필자에게도 카이스트 교수님과 같은 멘토가 계셨기에 가능한 일이었습니다. 좋은 멘토가 있었기에 필자도 좋은 멘토로 활동할 수 있게 된 것이고, 앞으로도 그렇게 할 것이라는 약속해봅니다.

"첫 번째 규칙은 절대로 돈을 잃지 말라는 것이다. 두 번째 규칙은 첫 번째 규칙을 절대로 잊지 말라는 것이다."

워런 버핏의 명언을 아래와 같이 패러디하면서 마무리하겠습니다.

"첫 번째 규칙은 공부를 매일 하는 것이다. 두 번째 규칙은 첫 번째 규칙을 절대로 잊지 말라는 것이다."

대학을 졸업하고 나면 자신의 성장을 위한 투자에는 돈을 아끼지 말아야 합니다. 소득의 10%는 자신의 발전을 위해 책, 경험, 해외여행 등에 꼭 투자하면 좋겠습니다.

종이신문을 매일 열독하라

경제 공부의 지름길 중 하나가 뉴스를 보는 것입니다. 그냥 TV나 인터넷 포털의 뉴스가 아니라 '종이신문'을 말씀드리는 것입니다. '무슨 말이지?' 하는 독자들이 있을 줄 압니다. 요즘 종이신문을 읽는 사람은 거의 없습니다. 대부분 인터넷 포털 사이트가 제공하는 편집된 뉴스를 통해 정보를 취득합니다. 이 경우 빠르게 정보를 접할 수는 있겠지만 깊이 있는 분석은 어렵습니다. 스캔하듯이 스킵하면서 읽는 뉴스는 생각할 틈을 주지 않기 때문에 행간의 의미를 파악할 수 없습니다. 하지만 종이신문은 여백이 있어 읽으면서 숨을 쉴 수가 있고, 이 쉼을 통해 상상력과 분석력이 생깁니다. 여백에 내 생각을 메모하면서 읽을 수도 있습니다. 전자책보다 종이책이 중요한 이유도 이와 비슷하죠.

종이신문의 기사를 읽으면 중요한 부분에 형광펜으로 밑줄을 그을 수도 있고, 모르는 용어가 나오면 노트에 정리해 볼 수도 있겠죠. 어느 정도 내공이 쌓이면 책이든 신문이든 인터넷이든 어떤 매체라도 상관이 없겠지만 경제 공부가 필요한 단계라면 꼭 경제신문 하나 정도는 구독하길 권합니다.

물론 뉴스를 100% 신뢰하면 안 됩니다. 추후 내공이 쌓이면 거짓 기사를 구별하는 능력이 생깁니다. 알맹이가 없는 기사, 취재도 없이 보도자료를 그대로 옮겨 쓴 기사, 실체가 의심되는 홍보성 기사도 많습니다. 요즘은 기본 맞춤법도 틀리는 기사가 수두룩합니다. 그런 수준의 기자들이 좋은 글을 쓸 확률은 낮다고 생각합니다. 그 옥석을 구분해낼 수 있을 때까지는 공부하는 습관을 들이기 위해서라도 신문을 읽어야 합니다. 뉴스에 나오는 '경제 용어'를 수월하게 이해할 정도의 수준이 되기 전까지는 말입니다. 그런 '노력'이라도 있어야 한다는 뜻입니다. '경제 용어'를 영어단어처럼 기본적인 수준을 갖추지 못한다면 경영, 경제 관련 서적 읽기는 매우 힘듭니다. 소위 경제에 있어 까막눈이 됩니다.

이처럼 필자는 나이에 걸맞지 않게 종이신문의 중요성을 강조하는 편입니다. 대학생 때 도서관에 갔다가 휴게실에서 경제신문을 오전 내내 읽고 있는 선배를 보고 따라하기 시작한 것이 계기였습니다.

당시에 '매일경제신문'을 구독하기 시작했는데 '경제 용어'를 너무 모른다는 사실을 깨달았고 이 때문에 온종일 신문을 읽어야 했습니다. 시간이 걸리더라도 용어에 대한 정의를 정확하게 이해하고 지식이 차곡차곡 쌓일 것 같다는 생각이 들었고, 결국 하나하나 공부하면서 신문을 읽기 시작했습니다. 1990년대 후반이라 지금처럼 인터넷으로 쉽게 검색할 수 있는 시대가 아니었기 때문에 관련 서적을 찾아보거나 선배님이나 교수님께 질문을 하면서 공부해나갔습니다.

처음에는 6시간씩 걸릴 정도로 힘들었는데 꾸준히 반복하다 보니 금세 1시간 이내로 줄어들었습니다. 더불어 기사의 경중을 따져가며 읽을 필요가 있는 기사와 그렇지 않은 기사를 선별할 수 있는 능력도 생겼습니다. 그 이전에는 1면부터 끝까지 신문 한 부를 모조리 읽었습니다. 심지어 광고까지 읽었죠. 사실 광고도 나름대로 의미가 있는 일종의 정보이긴 했습니다.

경제신문을 읽다 보니 재계에 어떤 연중행사가 있고, 언제 주식 배당금을 지급하는지 등의 여러 경제 사이클을 공부할 수가 있었습니다. 그리고 어떻게 홍보를 하는지 등을 보너스로 배울 수 있었습니다.

그런데 이런 질문 하는 분이 꼭 있습니다.

"아침에 출근해야 하는데 조간신문을 언제 봅니까? 요즘엔 지하철에서도 보기 힘든데…."

저의 대답은 간단합니다.

"조금 더 일찍 일어나면 됩니다. 아니면 퇴근하고 집에서 읽으면 됩니다. 부지런해야 경제적 자유에 조금 더 가까워질 수 있습니다."

필자는 전철을 타고 다니면서 이런 생각은 했었습니다. 나이 50세 정도가 되었을 때는 자발적으로 전철을 타는 경우를 제외하고 어쩔 수 없이 전철을 타야 하는 사람은 되지 말자! 전철이 불필요한 에너지 낭비가 매우 심하다는 것은 어쩔 수 없는 사실이며, 이 에너지를 보다 효율적으로 사용하는 사람이 되겠다고 마음먹었습니다.

차트 혹은 백서 중에서 더 중요한 것은?

"차트는 절대 만능 치트키가 아닙니다. 맹신은 곤란합니다."

필자가 이렇게 주장하면 놀라는 사람들이 의외로 많습니다. 불신의 눈초리와 함께 이렇게 되묻곤 하죠.

"주식을 하든, 암호화폐를 하든 '차트'가 가장 중요한 거 아닙니까? 차트를 잘 보면 돈을 벌 수 있는 거 아닌가요?"

오로지 차트에만 보물이 있는 것처럼 여기는 투자자들이 많이 있습니다. 필자도 투자 초창기에는 그런 방식으로 접근했습니다. 그러나 그건 정답이 아니었습니다. 물론 차트에는 이동평균선, RSI

등의 정보가 있어서 주목해야 할 데이터인 건 맞습니다. 다만 맹목적으로 차트에만 목을 매는 투자자가 되지 말라는 뜻입니다. 필자도 초기와 중반까지 차트에 각종 부가 기능들을 켜 놓고 거기에 어떤 변동이 나타나는지 하루 24시간 충혈된 눈을 비비면서 보았는데 결론을 내렸습니다. 차트는 후행지표이지 선행지표도 아니며, 내가 차트에 눈에 홀리게 되면 공부 자체를 할 수도 없겠구나. 마치 영화 〈곡성〉에 나오는 대사처럼 '차트'에 너무 현혹되면 안 됩니다.

사실 냉정하게 얘기해서 차트 분석으로 투자에 성공한 사람이 과연 얼마나 될까요? 필자가 대학교 3학년 때인 1998년 무렵부터 투자를 시작해서 지금까지 약 25년 정도 되는데요. 성공한 사람을 주변에서는 단 한 명도 보지 못했고 필자가 오히려 성공한 사람이 되었습니다. 차트만 가지고 강의하는 분들은 과연 정말로 투자에 성공한 부자들일까요? 차트만 보는 사람치고 크게 성공한 사람을 보지 못했으며, 매우 드물게 성공한 사람들이 차트를 맹신하고 선물투자를 잘못했다가 안타까운 선택을 하는 경우가 대부분입니다. 차트가 모든 해답을 줄 수 있다면 증권사 직원들은 모두 떼부자가 되었겠죠. 세상에서 가장 큰 부자는 차트를 가장 잘 분석하는 사람들일 겁니다. 하지만 절대 그렇지 않고 '차트'보다 항상 '펀더멘털 Fundamental'을 중요하게 생각하는 '가치투자자'가 되어야 합니다.

지름길처럼 보이는 차트 분석에만 너무 올인하지 마시고, 시간이 걸리더라도 한 걸음씩 기본부터 공부하기를 당부합니다.

성투를 위해 분석할 요소들은 차트 외에도 기초자산, 즉 암호화폐 자체의 펀더멘털이나 백서 등 많이 있습니다. 차트가 기술적인 영역으로써 데이터 분석, 확률 게임 등의 영역을 포함하고 있다면, 펀더멘털은 암호화폐 자체 역량, 성장 가능성, 경제환경, 투자시장, 개별종목, 투자심리 등을 공부하는 영역입니다. 펀더멘털 80% : 차트 20% 정도로 안배하여 판단기준을 잡는 것이 좋습니다.

또한 차트가 아닌 백서white paper를 분석하는 것이 더 중요합니다. 앞서 언급한 것처럼 주식시장에서 기업의 재무제표가 중요하다면 암호화폐 시장에서는 백서가 중요합니다. 재무제표를 통해 기업의 재무 상태, 수익성 등을 파악할 수 있는데 그 역할을 하는 것이 바로 백서입니다. 일명 '코인 백서'라고도 부릅니다.

해당 암호화폐가 어떤 목적으로 만들어졌으며, 어떤 사람이 창립했고, 앞으로 어떤 비전과 로드맵을 가지고 일을 할 것인지, 또 총발행량(총공급량)과 재단 보유량, 프리세일 계획, 그리고 암호화폐 생태계 유지를 위한 유통물량 계획 등을 명확하게 기술하고 있습니다.

이처럼 매우 중요한 문서인데 이를 제대로 파악하는 투자자를 거의 본 적이 없습니다. 파악은 고사하고 읽어보지도 않는 투자자들이 의외로 많습니다. 물론 주식투자 시장에서도 기업의 재무제표를 제대로 분석하는 투자자 역시 많지 않을 것입니다. 그렇다고 "대부분 읽지 않으니 나도 읽지 않겠다"라는 마인드는 곤란합니다. 꼭 사전에 읽어보고 투자해야 손실을 줄일 수 있습니다. 이 점은 꼭 명심하시길 바랍니다. 적을 상세히 파악해야 전쟁에서 이길 수 있습니다.

간혹 어떤 재단은 발행량과 유통량에 대한 정보는 제공하지만, 유통량이 풀리는 계획에 대해서 전혀 공개하지 않고 있습니다. 또한, 누가 보아도 대한민국에서 만든 암호화폐인데, 홈페이지에서는 한글로 된 백서를 찾아볼 수 없는 예도 있습니다. 그리고 이게 도대체 어느 나라 암호화폐인지 주소가 기록되어 있지 않은 경우도 무척 많습니다.

이런 면에서 보면 암호화폐는 역사에 길이 남은 1637년 네덜란드 튤립 버블 사건과 닮은 점이 있습니다. 시가총액이 수천억 원에 달하는 암호화폐 재단이 1년 동안 어느 정도의 매출을 달성했고, 또 수익은 어떻게 되는지에 관한 정보가 거의 없는 일들이 있으니까요. 그럼에도 불구하고 비트코인은 10년을 넘게 버텨왔고 나머지 알트코인들과 미래를 만들어 나가고 있기에 아직은 사기라고만 단정 짓기는 어려우며, 오히려 서서히 법적 제도권으로 들어오고 있습니다. 필자가 알게 된 사실 하나 알려드리겠습니다.

샌프란시스코 해안가 주변에 '블랙록Blackrock'이라는 4경 원 정도를 다루는 투자사가 있습니다. 바로 대각선 건너편에 나스닥 엔터프리뉴얼 센터Nasdaq Entrepreneurial Center가 있어 그 주변에 다수의 암호화폐 재단이 몰려 있었습니다. 아울러 바로 근처에는 CRM으로 유명한 세일즈포스닷컴, 트위터 등 수많은 기업도 있습니다. 참고로 블랙록은 미국 경제계에 많은 영향을 끼치고 있으며 블랙록 출신이 장관이나 관료로 등용되기도 합니다. 또한 주요 경제정책 추진 시 미국 대통령이 블랙록에 자문이나 협조를 요청하기도 합니다. 이런 블랙록이 2023년 비트코인 현물 ETF를 미국 SEC에 신청하기 시작했습니다. 비트코인이 곧 제도권 안으로 확실하게 들어온다는 것을 의미하는 것이며, 암호화폐 시장에서는 아직 파생상품이 거의 존재하지 않습니다. 미국 금융전문가들은 아직 어린아이 단계인 비트코인과 암호화폐를 다양한 '파생상품'으로 만들어 투자의 길을 열게 할 것입니다.

블랙록, 미국 샌프란시스코(2022년 5월)

선행지표만 믿고
투자하지 마라

경제 용어 중에 선행지표leading indicator라는 게 있습니다. 말 그대로 경기의 움직임보다 먼저 움직이는 지표로서 이를 통해 앞으로 경제가 앞으로 어떤 방향으로 어떻게 움직일지 그 변화를 예측할 수가 있는 것이죠.

예를 들어 정부에서 발표하는 "실업급여 건수가 줄어들고 있다. 회사들이 안정적인 상황인 것으로 판단된다. 다음 분기 정도에는 경기가 회복될 것으로 보인다." 같은 브리핑이 바로 선행지표를 참고로 하는 것입니다.

그런데 선행지표만 보고 투자하면 과연 돈을 벌 수가 있을 것일까요? 절대 없습니다. 저는 나름대로 MBA 공부도 하고, 대기업에서 20년 이상 경험도 있고, 많은 데이터를 분석하는 등 투자 관련한 여러 경험이 있습니다. 이를 바탕으로 감히 단언하건대 선행하는 투자지표는 존재하지 않는다는 결론을 내렸습니다. 그런 지표가 있다면 연락해주시기 바랍니다. 큰 선물을 보내드리도록 하겠습니다.

우리가 보는 지표는 모두 후행지표lagging indicator입니다. 후행지표는 쉽게 말해 "결국은 그 일이 벌어져 봐야 우리가 인지할 수 있다"라는 것입니다.

예를 들어 하향 국면인 어떤 차트가 있다고 가정을 해보죠. 그런데 바로 이 지점, 이 시점에서 1시간 뒤에 더 내릴지 아니면 반등할지 누가 어떻게 장담할 수 있을까요? 과연 차트만 보고 미래를 점칠 수 있을까요? 솔직히 '며느리도 모른다'가 정답입니다. 더 강하게 말씀드릴까요? 차트만 놓고 생각하면 홀짝 게임 같을 수 있습니다. 오르거나 혹은 내리거나 둘 중 하나니까 말이죠.

어떤 전문가를 자청하는 사람이 이런 주장을 합니다. 아마도 2017년이었던 것 같은데요. '에너지 파동'을 주장하면서 이 지표가 오르면 암호화폐 가격이 오르는 것을 알 수 있다고 주장합니다. 최근에 잠시 들어가서 보았더니 7년 전에 하던 이야기를 그대로 하고 있더군요. 아직도 리플이 뭐 하는 암호화폐인지도 모르는 상태로 말입니다. 아마도 '솔라나'는 어떤 암호화폐인지도 모르고 심지어 그 제자라는 사람들도 오로지 '차트'만 보고 있더군요. 그 3명의 프로필은 네이버에서 절대 발견할 수 없습니다. 왜냐하면 내세울 경력이 없으니까요.

그런데 냉정하게 살펴보면 '에너지 지표'는 암호화폐 가격이 오르면 같이 오릅니다. 단, 약간의 시차를 두기도 하고 오히려 가격과 반대로 움직이기도 합니다. 그리고 그 에너지 지표를 과학적으로 만들어서 공급하겠다는 이야기를 들었는데 아직 발견하지 못했습니다. 그리고 틀리면 어물쩍 구렁이 담 넘어가듯이 넘어갑니다. 왜냐하면 잘 모르면서 설명한다는 사실을 당사자도 이미 잘 알고 있습니다. 그래서 종목별 질문이 들어오면 상당히 무안을 줍니다. 그런 것은 몰라도 된다고 말입니다. 세상에는 '사기꾼'과 '가짜전문가'들이 넘쳐납니다. 그리고 차트만 보는 사람들이 예측을 절대 못 하는 한가지는 '상장폐지' 되는 종목인데, 해당 암호화폐에 대한 메타데이터를 갖고 있지 못하기 때문에 예측하지 못합니다. 나중에 가격이 크게 떨어지면 이렇게 이야기합니다. "이 차트를 보니 상장폐지 될 차트네요!" 이 이야기를 하는 시점에서는 이미 회복할 수 없는 가격대에 온 상태입니다. 그걸 누가 설명 못하겠습니까?

암호화폐 가격의 상승과 하락을 예측하기 위해서는 차트라는 한 가지 변수 외에 백서를 통해 암호화폐를 만든 사람이 누구이고, 조직이 어떻게 구성되어 있는지 파악해야 합니다. 제대로 일하기 위한 조직인지 그저 초반에만 번지레하게 조직 구성해서 한탕 해 먹고 튀려는 재단인지 구분해야 합니다. 또한 뉴스를 통해 해당 암호화폐가 어떤 비즈니스를 펼치고 있는지 등의 상세한 정보 파악도 해야 합니다. 당연히 이런 모범적인 투자자가 오로지 가격과 차트만 보는 무지렁이 투자자보다 더 성공하지 않을까요? 달랑 소총 한 자루만 들고 전쟁에 참여하는 군인보다 다양한 관측 무기를 지니고 조사한 내용을 기록하며 적군의 전투력과 상황을 정확하게 파악한 군인의 생존확률이 더 높을 것입니다.

'차트 전문가'라면서 멘토를 자처하는 '사이비 전문가'들이 워낙 많아서 드리는 말씀입니다. 그래도 남을 가르치려면 최소한의 수준은 갖춰야 하는데 금융사기, 추심업체 경력의 사람들이 그냥 사회에 나와서 이것저것 주워듣고 마치 잘 아는 것처럼 강의하는 사람들이 너무 많은 세상입니다. 조심하길 바랍니다. 그리고 이런 사람들의 특징은 본인의 과거 이야기를 스토리로 만들어서 가스라이팅을 합니다. 너도 나처럼 될 수 있다고 말이죠. 솔직하게 말씀드리자면 여러분은 필자처럼 될 수 없다고 생각합니다. 필자의 대학 시절부터만 보더라도 30년 가까이 하루에 3~4시간만 자면서 공부하며 살아온 삶의 밀도가 다른데 어떻게 여러분께서 필자처럼 될 수 있을까요? 어떤 대학생이 저에게 이런 질문을 했습니다. '필자처럼 되고 싶은데 어떻게 하면 될까요?' 그래서 답을 해주었더니 얼굴이 매우 창백해져서 돌아갔습니다. "아 나는 저렇게는 살 자신이 없는데……" 하는 표정으로 말입니다. 다만, 여러분의 현재 상황에 맞게 성장할 수 있도록 1:1 코칭을 통해 도울 수 있다는 점, 투자에 있어 저와 함께 팀플레이 하듯이 배우면서 투자할 수 있는 법을 가르치는 것은 가능하다고 생각합니다. 마치 필자처럼 미래를 예측하는 것을 가르친다고 될 일이 아니고, 스스로 터득하는 방법 외에는 없다는 사실을 말씀드리고 싶은 것입니다.

2018년 주식투자 업계 전문가가 갑자기 유튜브 방송을 켜고 설명하는 경우를 보았습니다. D증권 출신 퇴직하신 유명한 분이었는데 물론 필자도 그분을 좋아했었습니다. 암호화폐 시장이 열리자늘 하던 방식대로 차트만 가지고 설명하는 경우를 봤습니다. 물론차트에 있어서는 약간의 공부가 되어 좋았습니다만, 리플Ripple이 어떤 암호화폐인지, 체인링크Chainlink, 솔라나Solana가 어떤 역할을 하는암호화폐인지도 모르면서 오로지 차트만 가지고 설명했습니다. 그렇게 설명하다 보니 매우 두리뭉실하게 설명이 이어졌고, '투자는각자의 책임이다'란 말을 반복할 뿐입니다. 그분의 설명이 앞으로어떻게 나올지 예측이 되었다는 것입니다. 그리고 매일 1시간 동안차트 이야기만 하면 얼마나 지루할까요? '차트'만 보는 투자법은 결코 올바른 투자법이 아닙니다. 그냥 '점쟁이 투자법'이라고 봐야 할것입니다. 지난 5년 동안 그런 방송을 보고 공부한 투자자 중에서과연 몇이나 성공을 거뒀을까요? 안타까워서 드리는 말씀이었습니다. 제가 가장 안타까웠던 점은 '차트'를 보는 전문가분들이 진정으로 '암호화폐'에 대하여 추가로 공부를 열심히 했다면 더 좋은 전문가가 될 수도 있었을 텐데, 사람들은 '공부'하는 일이 그 무엇보다싫은 모양입니다. 내가 가진 무기를 매일 발전시켜야지 어떻게 있는 무기만을 가지고 평생을 살아갑니까? 이것은 투자가 아닌 인생에도 적용되는 매우 중요한 사실입니다.

투자 종목의 비즈니스 현황을 분석하라

차트만 맹신할 것이 아니라 내가 투자하려고 하는 암호화폐가 어떤 비즈니스를 계획하고 있는지, 또 유통, IT, 금융업 등과 같은 실제 비즈니스를 운영하는 업종과 어떤 협업을 하고 있는지 조사하고 분석해야 합니다. 이런 기본적인 사항조차 확인하지 않고 단순히 상승곡선을 그리고 있다는 이유만으로 불나방처럼 뛰어든다면 투자금의 날개는 훨훨 타버리고 결국 재가 되고 말 것입니다.

예를 들어 관심 있는 암호화폐 재단의 대표가 미국의 경제 뉴스 전문방송인 CNBC, Bloomberg TV, 또는 Yahoo TV 등에 출연해 영향력 있는 활동을 하는 CEO인지, 트위터나 디스코드와 같은 SNS에서 투자자들과 소통하는지? 만약 소통한다면 지속적인지 파악해 보라는 얘기입니다.

공식 SNS 채널이 게시글 포스팅이 중지되지는 않았는지 살피는 것은 매우 중요한 일입니다. 실제로 암호화폐 거래소에서는 암호화폐 재단의 '소통' 활동을 매우 중요하게 판단하고 있고 상장 폐지의 사유로 적용하기도 합니다. '소통'이 지속되지 않는 경우 사업이 쥐도 새도 모르게 중단되는 경우가 다수 발생하기 때문입니다. 따라서 암호화폐 재단은 기본적인 홈페이지의 새로운 소식 업데이트 여부, SNS 새로운 소식에 대한 포스팅 활동이 매우 중요한 투자 지표가 됩니다. 예를 들어 공식 트위터가 1년 내내 개점휴업인 상태라면 투자 철회를 심각하게 고민해야 합니다. 언젠가 좋은 뉴스가 나오겠지, 알아서 가격이 오르겠지 하면서 수수방관하고 있으면 어느새 소중한 투자금은 공중분해가 되고 말 것입니다. 그런데 안타깝게도 투자자들 대부분은 이런 사실조차 모르는 경우가 많습니다. 트위터 자체를 하지 않더라도 암호화폐 투자를 제대로 하려면 트위터 정도는 알고 접근을 하는 것이 좋습니다. 이는 당연한 이치임에도 불구하고 귀찮다는 이유로, 나이 들어서 잘 모르겠다는 이유로, 아예 하지 않는 경우도 많습니다. 그런 분들은 암호화폐 투자에 있어 핸디캡을 갖고 경기에 참여하는 것과 다름없습니다.

또한 공식 SNS 채널에 올라온 공지 사항의 가치를 제대로 이해하려면 평소에 해당 암호화폐의 비즈니스 현황을 수시로 파악하고 있어야 가능할 것입니다. 새로 게시된 공지 사항이 호재인지 아니면 별 영양가 없는 내용인지 평상시에 늘 분석할 수 있어야 적절한 매매 타이밍을 정할 수 있습니다. 개인 투자자는 투자에 대한 호재 정보를 미리 알고 매수할 수는 없기에 '호재'에 의해 매수하겠다는 마음을 아예 버리는 것이 좋습니다. 아울러 주변 지인 중에 이런 사람이 한두 명쯤 있을 텐데요. 어디에서 호재를 들었다고 자주 말하는 사람들의 말은 주의해서 들어야 합니다. 내 귀에 들어올 정도면 나만을 위한 '호재'가 아니라는 사실을 명심하고 오히려 세력들이 '호구' 투자자에게 물량을 넘기려고 일부러 퍼뜨린 소문인 경우가 많다는 점을 명심하십시오. 그리고 충격적인 사실을 한 가지 알려드리면 세력들이 기자들에게 손을 뻗쳐서 유리한 기사를 내는 일은 다반사임을 명심하기 바랍니다. 뉴스가 모두 선량하고 선하고 사실에 근거할 거라는 순진한 생각은 버려야 합니다. 아울러 필자에게 경제 기자가 접근하여 조사하고, 특정 회사에 대한 정보를 제공하려는 시도도 실제 경험한 바가 있습니다.

'상장 폐지'에 관한 실제 경험담을 소개해 드리겠습니다. 지금까지 상장폐지 종목들을 30개 이상 맞춘 바 있습니다. 심지어 날짜까지 근접하게 예측하기도 했습니다. 그랬더니 소문을 듣고 해외 암호화폐 재단에서도 텔레그램이나 이메일을 통해 연락이 자주 왔습니다. 그중에서 재미있던 한 일화입니다. 원루트 네트워크(RNT)라는 중국계 암호화폐가 있습니다. 2018년 1월에 발행되었는데 필자가 보기에는 분명 '스캠 코인' 같아서 주시하고 있었습니다. 그러던 어느 날 전 세계 투자자들이 참여하고 있는 RNT 텔레그램 방에서 공개적으로 관리자에게 얘기했습니다. (텔레그램에서는 공식 언어로 영어를 사용해야 합니다. 이후는 영어표현을 한글로 표현한 내용입니다.)

"RNT에서 이런 방식으로 운영하다가는 한국의 빗썸 거래소에서 곧 '상장폐지' 될 것 같다."

이렇게 경고의 의사를 표시했더니 본인들은 잘 운영하고 있는데 왜 그렇게 얘기하느냐면서 따로 1:1 DM이 왔습니다. 다른 투자자들 앞에서 그런 소리 하지 말라는 느낌이었죠. 텔레그램은 보통 관리자가 3명 이상입니다. 전 세계 사람들이 24시간 들어와 있으니까 한 명이 다 감당할 수가 없고 1사람이 8시간 정도 담당합니다. 기본적인 소통은 모두 영어로 합니다. 저는 그런 텔레그램 방에 100개 정도 들어가서 참여하고 있었는데 각 텔레그램 방에서 특히 관리자급 이상의 다양한 사람들로부터 정보를 얻으면서 이미 사전 조사를 다 했던 것이죠.

아니나 다를까 결국 RNT는 빗썸에서 '투자 유의 종목'으로 지정되었습니다. 그랬더니 관리자가 "유의 종목에서 벗어나려면 어떻게 하면 좋겠냐?"라고 다시 DM을 보내와 필자에게 의견을 물었습니다. 그래서 "일단 내가 지적했던 점들을 개선해라. 특히 트위터에 새 글이 1년 넘게 안 올라오고 있다"라고 했습니다. 그랬더니 글을 올리기 시작하더군요. 그런데 더 웃기는 상황은 그 내용이 다 엉망이었다는 것입니다. 자기네들 암호화폐에 대해서 올릴 글이 없으니 한심스럽게도 비트코인에 대한 뉴스를 퍼다가 업로드를 하고 있더군요.

또 하루는 RNT가 자신들과 친한 암호화폐 회사들과 양해각서

MOU를 맺었다고 발표했습니다. 중국 블록체인 기업인 오로라 체인 Aurora Chain을 포함한 세 곳 정도였는데 아무리 좋게 봐도 제 눈에는 '짜고 치는 고스톱'처럼 보였습니다. 사실 MOU는 말 그대로 양해 각서이고 두 회사 간에 '같이 열심히 일 한 번 해볼게요'라는 의미입니다. 따라서 별 의미가 없는 경우도 많고 MOU를 맺고 나서 실제로 협업하여 일을 안 하는 경우도 많다고 생각하면 됩니다. 'MOU를 맺으면 좋은 것 아니었어?'라는 순진한 생각을 가지고 계셨다면 실제 비즈니스에 대해서 '내가 잘 몰랐었구나!' 이렇게 받아들이면 됩니다. 내용을 정리하자면 트위터를 성실하게 운영하라고 충고를 한 저로서는 웃음이 나올 수밖에 없었는데, 뉴스 채널도 아니면서 뉴스를 올리기 위해 애쓰는 모습이 어이가 없었습니다. 아무튼 RNT는 필자의 충고를 받아들여 이런저런 노력을 한 결과 '유의 종목'에서 간신히 벗어나긴 했습니다.

하루는 RNT 담당자(러시아나 루마니아계 여성으로 추정됨)가 제게 물었습니다.

담당자: "당신은 도대체 어떤 사람이길래 어떻게 우리가 위험에 빠질 것을 미리 알고 알려주었느냐?"

필자: "난 약 200여 개 이상의 암호화폐들을 매일 모니터링하고 있다. 어떻게 비즈니스를 하는지 지켜보고 있는데 꼼꼼하게 잘 살펴보면 함량 미달인 암호화폐들이 상당히 많다. 내가 생각하기에

RNT는 업계에서 하위 10% 수준이라고 판단했기 때문에 경고한 것이다. MOU를 체결한 너희 회사들이 가깝다는 정황은 이미 파악하고 있었다. 그래서 내가 미리 알려준 것인데 너희들은 내 말을 무시했고, 결국 유의 종목으로 지정이 되었다고 생각한다."

'유의 종목' 지정이라는 발등에 불이 떨어진 상황이 발생한 이후에 제게 "어떻게 하면 살아날 수 있느냐?"고 애절하게 문의했던 것입니다. 이런 충고들을 했음에도 불구하고 2021년 5월, 원루트 네트워크(RNT)는 한국 빗썸에서 퇴출당하고 말았습니다. 아울러 이런 위험을 유튜브나 각종 카페 등에서 알리는 경우가 많이 있었습니다. 그런데 필자에게 돌아오는 것은 따스한 욕설과 '당신이 뭘 안다고 그렇게 말을 하느냐'는 등의 비난이었으며, 대부분의 투자 카페에서 필자는 3일 이내에 강퇴당하는 경우가 대부분이었습니다. '내가 알아서 투자하고 있는데 왜 네가 재를 뿌리느냐?' 이런 생각이었을 텐데 이해는 합니다. 다만, 그런 투자자의 자금이 사라졌을 때 필자를 찾아와서 투자 공부에 대해 문의하는 사람들도 꽤 있었습니다.

이와 비슷한 사례들은 여러 건 있었습니다. 중요한 것은 '유의 종목'으로 지정이 되면 그제야 연락이 와서 어떻게 하면 벗어날 수 있느냐고 묻는다는 겁니다. 그러면 저는 이런 식으로 답해줍니다.

"한국만의 문화가 있고 기업을 판단하는 기준이 있습니다. 특히

키웨스트의 디지털 자산 투자

한국은 매우 빠른 속도로 다양한 비즈니스를 운영하기 때문에 당신들이 하는 느긋하고 대충 운영하는 비즈니스 방식으로는 안 될 겁니다. 업비트나 빗썸의 정책과 기준이 있으니 거기에 잘 맞춰야 할 것입니다."

설명이 길어졌지만, 요지는 이런 이면의 상황을 일반 투자자들은 대부분 모른다는 것입니다. 정리하면 해당 암호화폐의 핵심적인 비즈니스가 무엇인지, 그리고 제대로 운영되는지 그 여부를 잘 파악해야 한다는 점입니다.

뉴스의 진위를 판별할 수 있는
역량을 길러라

뉴스와 관련해서는 또 중요 포인트가 있습니다. 바로 '진짜 뉴스'와 '가짜 뉴스'를 구별할 수 있어야 한다는 것입니다. '호재'와 '악재'를 구별해야 한다는 뜻이기도 합니다.

정보를 얻기가 주식시장에 비해 어려운 암호화폐 시장에는 유독 '가짜 뉴스'가 다수 유포되는 현실입니다. 팩트가 맞더라도 과장된 사례도 많고, 이미 가격에 반영되어 더 이상의 상승 호재로 가치가 사라진 무의미한 뉴스도 있습니다. 결국 투자자 스스로 똑똑하게 정보를 분석하는 역량을 키워 뉴스의 '진위'여부와 '가치'를 구별할 수 있어야 합니다.

앞서 언급한 원루트 네트워크RNT를 예로 들어보겠습니다. 가령 어떤 암호화폐가 '유의 종목'으로 지정되었는데 갑자기 MOU를 맺었다는 뉴스가 나온다면 어떻게 해석해야 할까요? 제 결론은 팩트가 있는 진짜 뉴스인 것은 맞지만 위기를 모면하기 위해 만들어낸 것, 또는 그럴 가능성이 큰 기사이기에 알맹이가 없는 가짜 뉴스와 다름없다고 의심하고 또 의심해야 한다는 것입니다.

뉴스의 진위를 구별할 능력이 없는 투자자가 이런 뉴스를 접했다면 '호재'라고 생각하고 해당 암호화폐가 어떤 히스토리를 가졌는지 파악도 하지 않은 채 풀매수 했을 수도 있을 것입니다. 100명이면 최소 절반 이상의 투자자가 그렇게 받아들일 수 있을 것입니다. 제가 투자자들을 관찰한 결과 경험적인 지식empirical knowledge에 근거하여 이것은 팩트입니다. 이것이 바로 제대로 된 전문가의 조언이 필요한 이유입니다.

사실 회사끼리 MOU를 체결하는 것은 어렵기도 하고 매우 쉬울 수도 있는 일입니다. 기자들을 불러놓고 "우리 서로 힘을 합쳐 열심히 잘하겠습니다"라고 발표하면서 양해 각서를 교환하고 사진을 찍는 것은 비즈니스 세계에서 아주 흔한 일입니다. 대표끼리 서로 아는 사이라면 더 쉽죠. 그래서 MOU 뉴스만 보고 무조건 호재라고 판단하면 곤란합니다. 우선 과연 알맹이가 있는 협업인지를 체크해야 하고, 체결 후에 어떤 실질적인 비즈니스를 펼치는지가 중요한 것입니다. 저는 그런 것까지 다 트래킹을 해서 파악하고 있습니다.

또 하나의 예를 들면 업비트 거래소에 대표적인 '스캠' 아인스타이늄'이라는 종목이 있었습니다. 제 생각으로 '이 암호화폐는 왜 상장 폐지가 안 되고, 오래 버티다가 2021년 6월이 되어서야 상장 폐지 되었을까?'라는 의문을 가진 암호화폐였는데 막판이 되자 이런 공시가 올라옵니다. "인천 세림병원과 MOU를 체결했다." 그래서 필자가 직접 세림병원에 전화해서 MOU를 맺었다는 원장과 통화를 시도했으나 불발이 되었고 원무과 직원과 통화를 했습니다. MOU를 실제로 체결했다면 원무과에서 모를 리가 없으니까요. 사실 확인은 한 결과 병원 직원 그 누구도 MOU를 맺은 사실을 모르고 있었고 제 생각에는 2가지 가능성이 있어 보였습니다. 누군가가 병원장과 친분이 있어서 실제로 MOU를 맺지는 않았지만, 아인스타이늄과 MOU를 맺었다고 뉴스를 내보냈거나 아니면 호재 기사를 낸 사람이 세림병원과 협의하지 않고 거짓으로 뉴스를 만들어 내보낸 것으로 생각합니다. 왜냐하면 '아인스타이늄'은 과학 발전을 위해 기금을 조성하는 콘셉트로 만들었다는 암호화폐인데 하필 서울도 아닌 인천에 중견급 병원과 MOU를 맺었는지 상식적으로 이해할 수 없었다는 사실입니다. 뉴스에 나온다고 해서 무조건 믿는 태도는 오늘 이 시간부터 버리면 좋겠습니다. 항상 의심하고 또 의심해야 합니다. 그리고 뭔가 경제적 대가를 받고 홍보성 기사를 써주는 기자들은 세상에 넘쳐나는 것이 현실입니다.

"비트코인이 OO신용카드에서 결제 수단으로 활용될 예정이다."
"OO기업, 호주에서 직원이 원할 경우 향후 비트코인으로 급여를 지급할 예정이다."

암호화폐 초창기에 이런 뉴스가 많았고 호재처럼 보여서 많은 사람이 움직였습니다. 하지만 주의가 필요한 기사였습니다. 암호화폐는 기본적으로 '결제 기능'을 갖고 있습니다. 그러나 결제 속도가 현재의 신용카드나 체크카드처럼 빠르지 못하고 안전성이 확보되지 않았기 때문에 실효성에 분명히 문제가 있습니다. 따라서 단지 '결제'가 된다는 사실만으로 엄청난 '호재'처럼 투자자의 귀를 솔깃하게 만드는 뉴스는 신중하게 접근해야만 합니다.

개미들이 투자에 실패하는 이유 중 하나가 정확한 뉴스를 분별하지 못하고 정보에 대해서 분석하지 않은 채 '호재 발표'만 하염없이 기다리기 때문입니다. 필자도 과거에는 누구보다 '호재'를 빨리 발견하는 것이 성공의 확률이 가장 높은 투자라고 생각했습니다. 그래서 잠자는 시간과 일하는 시간 이외에는 '호재'를 찾아다녔던 부끄러운 경험이 있습니다. "어디 좋은 호재 없어?" "이거 호재 맞지?" 이처럼 눈에 불을 켜고 찾고 있는데 왜 대부분 투자에 실패하는 것일까요? 10년, 20년 경력이 있는 투자자들도 입에 "호재!"를 달고 사는데 왜 진짜 부자가 된 사람은 거의 없는 것일까요? 호재 사냥꾼들을 위해 '호재'만 쫓으면 안 되는 이유를 정리해 드리겠습니다.

첫째, 내가 호재 뉴스를 들었을 때는 이미 늦었고, 누구나 알고 있기에 더 이상 호재가 아니다. 어떤 암호화폐 가격이 100원이라고 가정해 보겠습니다. 가격이 3개월째 제자리걸음 하는 모습을 보이자 견디지 못한 개미들이 결국 매도에 나섭니다. 그랬더니 갑자기 가격이 오르기 시작합니다. 150원, 200원, 300원 계속 오릅니다. 300원이 될 때까지 아무런 발표도 없다가 '호재 뉴스'가 연이어 쏟아지기 시작합니다. "OO 회사와 MOU를 맺었다" "전략적 파트너십을 맺었다." 등의 뉴스가 공식 트위터 계정을 시작으로 각종 인터넷 뉴스에 도배되기 시작합니다. 100원에 매도했던 개미들은 땅을 치며 후회하다가 고점에서 다시 매수하는 실수를 해버리고 맙니다. 분명히 투자자의 머릿속에는 "100원에 샀으면 몰라도 250~300원에 매수하면 안 되는 건데…"라고 생각하면서도 손가락은 나도 모르게 '매수' 버튼을, 그것도 가진 자금을 총동원한 '풀매수' 버튼을 누르고 마는 것입니다. 이것이 바로 'FOMO^{Fear of Missing Out} 증후군'입니다.

FOMO란 직역하면 "좋은 기회를 놓칠 것 같은 두려움"입니다. 즉, 나만 두고 투자 기회가 떠날 것 같은 느낌이 공포심처럼 다가온다는 말입니다. 다른 투자자들은 다들 돈을 버는 것 같은데 내가 투자한 종목만 가격이 오르지 않아 소외감을 느낀다는 뜻입니다. 나홀로 소외되고 멍청이가 된 것 같다는 감정에 휩싸이면 열심히 분석해서 공부했던 종목을 뭔가에 홀린 듯 '패닉 셀(panic sell : 공포에 내도하는 행위)'을 해버리고, 인기 있고 가격이 넘치게 오르고 내리는 '베타계수'가 매우 큰 종목으로 갈아타는 경우가 발생합니다. 가격 등락이 심한 종목을 타이밍에 맞게 잘 매매하면 수익이 크게 나지

키웨스트의 디지털 자산 투자

만, 반대로 계좌잔고가 급격하게 감소할 가능성도 동시에 있기에 시간이 지나면 후회할 행동임을 알면서도 결국은 저지르고 마는 것입니다.

참고로 비슷한 용어 중에 'FUD'도 있습니다. 공포Fear, 불확실성Uncertainly, 의심Doubt의 첫 글자를 따서 만든 합성어인데 "사람의 약한 심리를 자극하여 매우 낮은 가격임에도 투자하지 못하게 만드는 가짜 정보"를 의미합니다. 예를 들어 "요즘 대세는 OO종목이야. 안 사면 너만 바보" 같은 뉴스를 만들어서 사람들에게 FOMO를 느끼게 하고, 결국 비싼 가격에 추격매수를 하도록 만드는 작전입니다. 이런 공포 마케팅에 초연해져야 하는데 말처럼 쉽지 않죠. 예를 들어 이오스EOS 같은 종목은 2018년도 초창기에 슈퍼스타처럼 각광을 받았고 언론플레이도 심할 정도로 개인투자자 입에 오르내리던 종목이었습니다. 2018년 3월 업비트에서 약 5,800원에 상장되었던 이오스는 4월 25,170원으로 최고가로 기록하면서 출발이 좋은 듯하였으나 현재는 966원입니다. (2018년 3월 당시 비트코인 가격은 1천 1백만 원이었고, 현재 2023년 7월 19일 기준 3천 8백만 원을 기록 중으로 +245.5%p 상승한 반면, 이오스는 −83.3%p로 마이너스 수익률을 기록하고 있다.) 이오스의 하락요인으로는 몇 가지가 있는데 1) 검증 노드 투표참여자 11개 참여자가 초기부터 계속 다툼만 벌였다. 2) 실제 비즈니스에 연결하지 못했다. 3) 실제로 하는 일이 없고 해외 세미나 등에 전혀 참여하고 있지 않다.

시장을 가만히 보면 코인 가격이 바닥일 때 호재 뉴스들이 나올 것 같지만 오히려 반대입니다. 시장이 바닥일 때는 어떤 호재 뉴스들이 나와도 종목별 가격 상승이 잘 안되기 때문에 암호화폐 재단은 좋은 뉴스가 있더라도 바로 기사로 내지 않고 아껴둡니다. 심지어 몇 개월 지나서 기사로 내는 경우를 필자는 직접 여러 번 확인했습니다. 그리고 악재 뉴스가 나와도 그다지 하락하지도 않습니다. 그 이유는 바로 가격이 워낙 바닥권이라 더 이상 매도할 사람도 없기 때문입니다. 반대로 가격이 바닥권에서 어느 정도 상승하고 전체적으로 시장이 탄력을 받기 시작할 때는 너도나도 '호재' 뉴스를 내보내기 시작합니다. 마치 "우리 종목도 관심 가져주세요!"라고 말하듯이 말입니다. 그리고 별것 아닌 가십성에 가까운 호재 뉴스들은 시장이 가장 과열되었을 때 나타나는 특징을 보여주는데 약간의 호재만 나와도 상승하는 엄청난 탄력도를 보여줍니다. 이때가 시장에서 탈출해야 하는 시점임을 반드시 기억하기 바랍니다. 그리고 네이버에 비트코인 기사가 도배되고 가격이 계속 '오르네, 어쩌네'라고 나올 때가 매도해야 할 중요한 타이밍일 수 있다는 사실도 기억해야 합니다. 냉정한 투자 세계에서는 '어떤 투자자가 안타까운 선택을 하였다'는 기사가 나오는 타이밍이 가격이 바닥권에 근접한 심리적인 신호일 수 있다는 점도 중요한 포인트입니다.

가격을 움직이는 보이지 않는 주체가 존재(MM, Market Maker; 시세 조종자)하며 그들은 암호화폐 거래소 임원 또는 직원, 거래소와 MM을 연결하는 브로커, 가격을 올리고 한탕 해 먹고 튀려는 암호화폐 재단이 한통속이 되어 움직이는 경우가 많습니다. 따라서 투자자는 이런 사실을 구별할 줄 알아야 하는데 일반 투자자는 거의 불가능하다고 보면 됩니다. 책에 자세히 설명은 다 할 수 없습니다만 세상은 그렇게 아름답지도 깨끗하지도 않다는 사실을 반드시 기억해야 합니다.

'뉴스'는 우리에게 중요한 정보를 제공하기도 하지만 가격을 위아래로 움직이기 위한 도구로 사용되기도 합니다. 이러한 뉴스의 진위와 옥석을 가릴 수 있어야 하므로 전문가의 조언이 필요한 것입니다.

다시 정리하면, 300원에 뉴스를 발표한 그 암호화폐는 이미 몇 달 전에 'MOU 체결'과 '파트너십'을 완료한 상태였을 가능성, 또는 갑자기 급조했을 가능성이 매우 큽니다. 사실 호재를 언제 발표할지 결정하는 것은 암호화폐 재단 마음입니다. 내부 기밀이므로 우리는 정확히 언제 파트너십을 맺었는지 재단에서 정확한 날짜를 공개하지 않는다면 알 수가 없습니다. 또는 협약의 상대방이 발표를 미뤄달라고 요구했다고 주장하면 답이 없습니다.

사실 재단으로서는 저점에서 호재 뉴스를 발표할 필요가 없습니다. 군이 100원에 불특정 다수의 투자자가 매수하게 하는 호재를 발표한다면 상승에 도움이 안 되는 걸림돌인 개인 단타 투자자에게 남 좋은 일만 시키는 참사가 벌어질 수도 있으므로 대부분의 호재는 가격 꼭지에서 발표하는 것입니다.

둘째, 호재 사냥꾼들은 '호재'를 듣는 순간 눈이 멀고 귀가 막힙니다. "너만 알고 있어! 내가 모 암호화폐 재단 고위 관계자한테서 들은 이야기인데 곧 OO에 관한 호재가 발표될 예정이래." 사실 이 사람은 단체카톡방 같은 곳에서 어떤 사람에게 1:1 대화를 요청 받고 들었을 가능성이 큽니다. 이렇게 1:1 메시지를 보내서 정보를 준다는 사람은 항상 멀리해야 합니다. 가짜인 경우가 대부분이고 특정 암호화폐 가격을 올리기 위한 마켓 메이커들이 아르바이트를 고용하여 헛소문을 퍼뜨리는 경우는 매우 흔한 수법입니다.

특히 단체카톡방 같은 곳에서 이런 소문이 돌 때가 있는데 여러 분 귀에 들어온다는 것은 이미 투자자 대부분이 알고 있는 내용일 것입니다. 나아가 호재가 사실로 입증되는 뉴스를 보게 될 때쯤이 면 이미 세상 사람이 다 아는 상태입니다. 호재가 반영되어 가격은 이미 최고가를 기록했다가 약간 하락한 상태에서 엎치락뒤치락하 고 있을 것이고, 호가창이 거래소의 자전거래 봇의 작동으로 인해 미친 듯이 대량의 거래량이 터지며 거래가 이루어지고 있을 것입니 다. 그러니 호재를 보고 들어가는 시점은 끝물이거나 막차일 경우 가 많습니다. 투자해봐야 소용이 없다는 뜻이죠. 그래서 여러분이 매수하기만 하면 손해를 보는 상황이 자주 발생하는 것입니다. 기 억하실 점은 '호재' 발표가 나서 급격하게 상승한 종목이 있다면 쳐 다보지도 말라는 사실입니다. 그냥 떠난 버스처럼 쿨하게 보내주기 바랍니다.

제가 감히 장담할 수 있는 것은 미발표 호재가 진짜 있더라도 재단이나 회사 같은 관계자들 일부만 알고 있지, 발표 전에 일반인 들에게까지 전파되기는 어렵다는 것입니다. 여러분이 고위 관계자

키웨스트의 디지털 자산 투자

의 가족이 아닌 이상 일반인 대부분이 모르는 고급정보가 공유될 가능성은 희박합니다.

또한 여러분의 귀에 들어올 정도라면 그것은 이미 고급정보가 아니거나 애초부터 잘못된 거짓 정보일 가능성이 큽니다. 정보가 사실이더라도 여러분이 알게 될 정도라면 거칠게 표현해서 설거지용 정보일 가능성도 큽니다. '호재'가 '독'이 되는 경우이죠.

이것을 경영학에서는 '비대칭정보Asymmetric Information'라고 합니다. "너와 내가 가진 정보의 급이나 질이 다르다"라는 얘기입니다. 정보가 대칭되게 전달되지 않으니 누구는 알고 누구는 모르는 것입니다. 즉, 지위나 상태에 따라 정보는 누구에게나 공평하게 전달되지 않는다는 점! 이것이 바로 냉정한 현실입니다.

위에 언급한 대로 호재만 쫓아다니면서 투자하면 항상 한발 늦은 투자, 항상 손해 보고 마음도 상하는 투자가 되는 것입니다. 그래선 안 된다고 목이 아프도록 설명하지만, 호재를 찾아 헤매는 사냥꾼들은 눈이 멀고 귀가 막혀서 또 같은 실수를 반복할 것입니다.

더 안타까운 사실은 본인만 알고 투자해서 손해를 입으면 그나마 다행인데 이런 뉴스를 주변 사람들에게 열심히 퍼다 나르면서 타인의 재산 가치도 떨어뜨리고 인간관계까지 잃어버리는 일이 다분하게 발생한다는 사실입니다. 물론 나만 수익을 내는 것이 아닌 내가 좋아하는 사람도 수익을 내게 하려고 하는 좋은 마음에서 나온 행위일 수 있지만, 결과가 대부분 좋지 않기 때문에 본인의 능력을 냉정하게 파악하고 절대로 타인에게 투자를 권하지 말기 바랍니다.

반대로 악재 뉴스도 있죠. 대표적인 것이 거래소 '해킹 뉴스'입니다. 초기에는 특정 거래소에서 해킹 사건이 발생할 때마다 암호화폐 시장 거의 대다수 종목이 동반 폭락하곤 했습니다. 하지만 최근에는 해킹 사건이 시장에 크게 영향을 미치지 않는 경향을 보이고 있습니다. 그 이유는 해킹이 발생하면 제대로 대응하지 못했던 과거와 달리 규모가 있는 거래소에서는 문제가 된 암호화폐의 입출금을 빠른 속도로 막아 피해를 최소화하고 있기 때문입니다.

해킹의 규모에 따라 시장에 미치는 영향이 다르겠지만 요즘에는 사고가 발생하면 거래소나 암호화폐 투자운용사들이 발 빠른 대처를 통해 피해 확산을 차단하고 있습니다. 즉, 전체적인 악재 요소가 아닌 개별적인 위험 요소로 받아들이는 분위기로 변경되었다는 의미입니다. 또한 FOMO의 두려움이 전체시장에 퍼졌던 미성숙한 시장에서 성숙한 시장으로 발전하고 있다는 시그널로 받아들여도 될 것 같습니다. 자금을 동결시키기도 하고, 피해자들에게 금전적인 보상을 해주는 등 피해 최소화에 노력을 기울이고 있는 점은 시장에 긍정적인 요소입니다.

또한 간혹 특정 국가에서 코인 거래소 영업 중지, 잠정 폐쇄 등의 뉴스가 나오기도 하지만 대부분 시간이 지나면 언제 그랬냐는 듯 거래가 재개되거나 하는 일이 비일비재하고 가끔은 '가짜 뉴스'로 발표되기도 합니다. 그래서 한 번 뉴스가 나오면 그 이후에 어떻게 전개되는지 트래킹하여 관심을 가질 필요는 있습니다. 암호화폐 시장이 이미 공룡이 되어 버린 상황이라 거래소 폐쇄나 거래 중지

키웨스트의 디지털 자산 투자

는 말처럼 쉽지 않은 것입니다. (참고로 2023년 7월 19일 현재 비트코인의 가치는 $580.68B이며 원 달러 환율 1,264원 기준으로 계산해 보면 733조 원 (1) Infinite market cap 기준 (2) 코인마켓캡 원화 표시 기준 794조 원. 현재 비트코인 점유율이 코인마켓캡 기준 50% 정도 되므로 전체 암호화폐 시장은 1,466조 원~1,580조 원 정도 규모라고 추정할 수 있다.)

셋째, 저점과 고점, 호재와 악재의 연관성을 파악해야 합니다. 과연 악재 뉴스에 코인 가격이 하락하고, 호재 뉴스에 코인 가격이 상승하는 것일까요? 반드시 그렇지만은 않다는 것이 필자의 생각입니다.

1. 고점과 호재 뉴스

호재 뉴스가 나온 이후에 암호화폐를 매수하면 이미 상승할 대로 상승한 가격에 매수하는 결과가 되므로 높은 수익을 기대하기 어렵습니다. 다시 말해 고점에서 나오는 호재는 조심하라는 의미입니다. 그런 뉴스를 접하게 된다면 오히려 매도를 준비해야 합니다. 필자의 경우 최소 절반은 매도하고 지켜본다는 원칙을 갖고 있기도 합니다. 물론 더 상승할 수 있지만 리스크를 최소화하기 위해서 이런 원칙을 가지고 임하는 것입니다. 그렇게 된다면 갑작스럽게 큰 폭으로 하락하는 경우가 발생하는 상황 속에서도 절반을 고점에서 매도했기 때문에 이익 실현이 상당 부분 되어 있어 투자하는 데 마음이 편안하고 실제로 수익률도 오히려 높습니다. 그런데 사람 마음이 또 그렇지 않죠. 보통 이런 식으로 반응하고 대처합니다.

좋은 뉴스가 언론에 자주 노출되고 가격이 상승하니 앞으로 더 오를 것 같아서 꾹 참고 버팁니다. 그런데 어영부영하다가 매도할 타이밍을 놓쳐버리고 급락하는 호가창만 멍하니 바라보게 됩니다. 결국 수익도 얼마 내지 못하고 본전 가까이 또는 오히려 매수한 가격보다 하락한 후에야 후회하면서 이렇게 생각합니다.

"욕심을 버리고 그 정도도 꽤 많은 수익이었다고 감사하면서 진작에 매도할 걸." 실제로 30%~50%p까지 수익이 났으면서도 매도하지 못하고 100%~200%p 바라보다가 허탈해하는 경우가 다수 있고 필자도 예전에는 이런 경험이 많았습니다.

이처럼 초보들은 호재 뉴스에 심장이 벌렁거리고 엔돌핀이 다수 분출되면서 심리적 행복감을 충만하게 느끼다가 나중에 땅을 치고 후회합니다. 하지만 고수들은 호재 뉴스를 접하면 이렇게 말하면서 분할매도를 준비합니다.

"이제 가격 꼭지인 것 같구나! 슬슬 매도하면서 이익 실현하고 잠시 쉬고 여행이나 다녀와야겠다."

자신이 트위터, 디스코드, 텔레그램 등 방에서 호재를 발견한 순간, 가격은 이미 고점에 다다르고 있다는 것을 명심하길 바랍니다. 만약 아직 오르지 않았는데 그 호재가 너무 확실하다면 매수에 들어가도 나쁘지는 않을 것입니다. 다만 가격이 너무 고점에 있는 것은 아닌지 혹은 시가총액이 너무 고평가된 것은 아닌지 확인해보셔야 합니다. 자주 있는 일은 아니지만 '호재' 발표가 되고 나서 전체적으로 퍼지는 과정이 너무 더디거나 그 호재가 호재로 크게 받아들여지지 않다가 3일 후에 급등하는 경우도 있습니다. 이렇게 수익을 내려면 나만의 투자 원칙을 가지고 자신을 믿고 매수하고 묵묵하게 기다리는 자세도 필요합니다. 만약 상승하지 않는다면 '그냥 매도하면 되지'라는 가벼운 마음, 종목에 끌려다니지 않고 내가 주도권을 갖는 투자 자세도 필요하다는 뜻입니다.

사실 일반적인 직장인이라면 온종일 수많은 종목의 호재를 찾아다닌다는 것은 거의 불가능에 가깝습니다. 재차 강조합니다만 본업을 게을리하면서 투자에만 올인하게 되면 직장 생활에도 문제가 발생하게 됩니다. 두 마리 토끼를 잡는 것은 욕심입니다. 따라서 전문 투자자가 아니라면 몇 개, 최대 10개 이내의 암호화폐를 집중해서 분석하는 방법이 필자는 투자 수익이 더 좋을 것이라 확신합니다. 해당 암호화폐를 만든 사람이 믿을 만하고 펀더멘털이 견고하고, 표방하는 방향이 올바르며, 투자가치가 충분하다고 판단된다면, 나아가 가격이 크게 오르지 않은 상태여서 가격 상승의 잠재력을 가진 종목이라고 생각된다면 나를 믿고 과감하게 투자하면 됩니다. 단, 급작스러운 리스크 발생 시 내가 어떻게 대응할지, −20%p 정도의 손실이라도 손절을 과감하게 할 것인지 등의 투자 원칙은 반드시 세워야 합니다. 또한 연습을 통해 머리와 손이 기계처럼 움직이도록 체득하기 바랍니다.

2. 저점과 악재 뉴스

사기성 암호화폐가 아니라 실체가 확실하다고 판단되는 종목인데도 가격이 좋지 않은 경우가 있습니다. 심지어 더 내려갈 수도 없는 바닥권 가격인 상황에서 악재까지 발표되는 경우가 간혹 있는데 왜 그런 것일까요?

이런 경우에는 해당 종목의 물량을 대거 확보하려는 세력의 작전이자 전술일 수도 있습니다. 대량으로 물량을 매집해야 가격 컨트롤이 가능한데 바닥권에서는 누구도 매도를 안해 하루 거래대금이 수천만 원도 안 되는 경우가 발생합니다. 그리고 매수하려고 하면 매도 호가창의 매물이 거래소 봇의 장난질로 사라지기도 하면서 매수가 거의 불가능하게 만드는 경우도 발생합니다. 매집하고 싶은데 매물이 없습니다. 워낙 가격대가 낮아서 손해를 보고 팔 사람은 없기 때문입니다. 결국 눈물을 머금고 개미들이 공포에 질려 패닉 셀 하는 물량을 노립니다.

재단이 곧 망할 것이라거나 물량을 팔아먹고 있다는 식의 거짓 악재 뉴스를 통해 투자심리를 공황 상태로 만들어 패닉 셀을 유도합니다. 물론 이 뉴스가 실제 아닌 경우를 가정하는 것입니다. 일반기업을 사냥할 때 매수하는 투자사 측에서 기업가치를 떨어뜨리기 위해 저열하게 활용하는 기법이기도 합니다. 개미투자자들은 눈물을 머금고 극심한 손해를 감수하면서 작전상 후퇴합니다. 이 물량들은 원래 900원에 매수했던 것인데 100원이라는 헐값에 누군가에게 넘겨주는 상황이 벌어지게 되는 것입니다. 그리고 얼마 지나지 않아 해당 암호화폐는 200원으로 상승합니다. 실력이 있는 투자자라면 이 가격에서라도 다시 매수하고 들어갈 수 있지만 개미 투자자들은 대체로 이렇게 생각합니다. "100원이 200원이 되어 이미 100%p 상승했어, 지금 매수 들어가는 게 너무 위험하고 아까워 못하겠어!" 그리고 100원이 되면 다시 매수해야지 하는 마음을 먹고 기다리다가 150원까지 잠시 눌림이 발생했을 때도 매수 타이밍을 놓칩니다. 그 이후 해당 암호화폐는 1,500원까지 상승하면서 개인 투자자는 거의 화병에 걸릴 수준에 다다르게 됩니다. 안타깝지만 이런 경우를 필자는 너무 많이 봐 왔습니다.

3. 저점과 호재 뉴스

자주 있는 일은 아니지만, 저점에서 호재 뉴스가 나오는 경우도 종종 있습니다. 그런데 호재에도 불구하고 가격이 움직이지 않고 요지부동입니다. 그래서 매수를 좀 했다가 다시 매도하고 맙니다. 그런데 일주일이 지난 뒤부터 가격이 급등하기 시작합니다.

이런 경우는 암호화폐 재단이 그나마 양심이 있어서 투자자들에게 미안한 마음으로 실제 호재를 발표한 것입니다. 그런데 가격 면에서 이미 너무나 많은 신뢰를 잃었기 때문에 다시 투자했다고 하더라도 일주일을 못 버티고 다시 매도하는 상황이 발생하는 것입니다. 아니면 바닥권에서 고작 30%p 정도 상승했는데 탈출하는 경우도 자주 목격할 수 있습니다. 그동안 해당 종목에 대한 믿음이 사라진 것도 이유이고, 투자심리도 너무 겁쟁이가 되어서 나오는 현상입니다. 그런데 내가 정작 매도하고 나면 신기하게도 가격이 상승하고 호재 뉴스가 연달아 터져 나옵니다. 투자자는 이럴 때 정말 억울하고 욕이 치밀어 오를 정도로 화가 납니다. 500원에 투자했던 종목을 100원까지 떨어졌을 때도 매도하지 않고 버텼는데, 호재에도 가격이 움직이질 않아서 안타깝게도 자금이 갑자기 필요한 일이 일어납니다. 결국 속상한 마음으로 매도해버린 것인데, 며칠 지나지 않아 가격이 오르다니. 심지어 1,000원을 며칠 만에 거침없이 돌파해버리다니! 그래서 투자가 어렵습니다.

4. 고점과 악재 뉴스

고점에서 터지는 악재 뉴스. 매우 자주 일어나는 일입니다. 대부분 물량을 대규모로 개미들이나 다른 세력에게 넘기기 위해 사용하는 기법입니다. 그리고 기억하실 점은 1개 종목에 대해서 1개 세력만 붙어있다고 생각하시는 경우가 많은데 여러 개의 세력이 참여하고 있는 경우가 다수이고, 세력끼리도 치열한 두뇌 싸움을 통해 물량을 넘기기도 하는데 운용자금의 규모가 상대적으로 크고 명석한 세력이 대부분 싸움에서 이깁니다. 필자는 이런 상황을 파악하여 역이용하는 투자법도 즐겨 사용하는데 일반 투자자들은 현실적으로 갖기 힘든 특별한 능력입니다. 단, 필자는 이런 능력에 기반하여 분석한 내용을 투자자 소수에게 공유해드리고 있습니다.

암호화폐 시장의 각종 사기 유형

스캠scam이라고 들어보셨나요? '신용 사기'를 뜻하는 스캠은 원래 도박판에서도 상대방을 속이는 행동을 일컫는 말이었습니다. 1980년대부터 편지, 악성코드를 심은 이메일 등을 보내 송금을 가로채는 방식으로 시작했는데, 최근에는 암호화폐 시장의 사기를 상징하는 대명사가 되었습니다.

사실과 다른 과장된 내용으로 투자자를 현혹해 투자금을 유치한 다음 먹튀 하는 행위를 스캠이라고 하고, 이때 발행하는 코인을 '스캠 코인'이라고 합니다. 세상을 바꿀 기술이 있다며 고수익 보장을 미끼로 투자금을 모아서 잠적하거나, 시세조작을 통해 차익을 거둔 후 잠적하거나, 추진과정에서 수익이 떨어져 파산하는 경우도 크게 스캠으로 봅니다. 그럼 이제 사기의 유형이나 특징을 좀 알아볼까요?

"저는 유명한 투자 매니저입니다. 연예인 A, 정치인 B, 회장님 C가 저에게 자금을 맡깁니다. 사진 보여드릴까요? 저를 만난 당신은 운이 좋은 사람입니다. 투자하면 바로 대박이 나는 상품에 올라탈 마지막 기회를 알고 있거든요. 사실 아는 지인들끼리만 공유하면서 투자유치가 거의 끝난 상태지만 당신에게만 마지막으로 기회를 드리겠습니다. 아, 그런데 선불 수수료가 조금 필요합니다. 그리고 프로세스를 간편하게 하려면 당신의 개인 정보가 필요합니다."

2023년 큰 이슈였던 '라덕연 투자사기'가 대표적인 사례입니다. 가수 임창정 씨가 연루되어 더 큰 충격을 낳았습니다. 실제로 일정 동안 수익이 나서 수익금을 배당받기도 합니다. 처음에는 1백만 원 정도 투자받고 매월 이자로 10만 원씩 지급하다가 투자자들이 대출까지 받게 만들어 2천만 원, 2억 원을 입금하도록 유도합니다. 이후 투자금이 수백억 정도 쌓이면 자금을 세탁하여 정리하고 외국으로 도주하는 등의 사기, 이런 전형적인 피라미드 사기는 현재도 넘쳐납니다. 이는 다른 투자자의 투자금으로 돌려막는 '폰지 사기'일 가능성이 있습니다.

지금도 지역에 수많은 호텔에서 이런 피라미드, 폰지 사기 행사가 진행되고 있는데 왜 조사하지 않는지 잘 이해가 되지는 않습니다. 이런 사기에 단골로 등장하는 레퍼토리가 '외국 유명 대학 교수가 참여한다'라는 내용인데 사실 그것조차 사기이며, 그런 교수는 존재하지 않거나 존재하더라도 해당 암호화폐와 아무런 관련이 없는 경우가 대부분입니다. 그런데 그런 호텔 행사에 참여한 사람들은 안타깝게도 이런 내용을 구별할 능력이 없으며, 탐욕에만 가득한 사람들입니다. 더 심각한 문제는 이런 분들이 나이가 50대 이상이 많으며, 평생 모아온 돈과 추가로 대출받은 돈까지 날리는 경우가 매우 흔하다는 사실입니다. '러그풀rug pull' 사기라는 것도 있습니다. 개발자가 갑자기 프로젝트를 중단하고 투자금을 들고 사라지는 사기 수법인데 양탄자rug를 잡아당기면pull 그 위에 있던 사람들이 한순간에 넘어진다는 비유적 표현에서 유래한 말입니다.

러그풀 사기꾼들 역시 투자금 유치를 위해 프로젝트를 부풀리면서 홍보합니다. 그렇게 투자금을 모은 다음 잠적하는데, 투자자가 그나마 토큰을 팔지도 못하게 장치를 걸어두기도 합니다. 트웰브쉽스가 대표적인 암호화폐 러그풀 사례여서 간단하게 소개합니다.

트웰브쉽스Twelve Ships, 12Ships는 한국의 채굴기 제조업체인 열두척㈜이 개발한 암호화폐입니다. 티커는 TSHP(티에스에이치피)입니다. 친환경 침전식 냉각방식의 채굴기인 판옥선을 개발하고 있습니다. 침전식 냉각방식의 판옥선II는 고성능, 고효율일 뿐만 아니라 소음과 먼지가 없어 다양한 장소에 소규모 도입이 가능하고, 발생 된 열에너지를 재사용할 수 있어 열에너지를 이용한 다양한 산업에 도입될 수 있습니다.

트웰브쉽스의 대표는 안O준이고, 최고전략책임자는 민O훈입니다. 특히 민O훈은 서울대 기계공학과 석사 출신에 IBM, 액센츄어 등에서 컨설턴트로 일한 경력이 있었고, 삼성SDS에서 블록체인 전략과 기획을 맡았던 경력이 있었습니다. 이에 투자자들이 혹하여 투자하였으나 이순신의 콘셉트까지 팔아먹은 트웰브쉽스는 제대로 된 수냉식 채굴기는 양산하지도 못하고 투자금을 세탁하고 중국에 있는 페이퍼컴퍼니에 매도한 것처럼 돈세탁을 마무리했습니다.

왜 페이퍼컴퍼니로 의심하느냐 하면 인수대금이 약 30억 원 정도밖에 되지 않았고, 인수한다는 회사와 대표가 링크드인Linked in에도 나와 있지 않길래 트웰브쉽스에 필자가 여러 번 본 내용에 관하여 확인해 달라고 요청했으나 제대로 된 답변을 하지 못하는 사실을 파악하고 필자는 전 과정이 사기였음을 파악했습니다. 그리고 2021년 6월 28일 업비트에서 상장 폐지 되었습니다. 업비트에만 2019년 8월 23일 화려하게 단독 상장했던 트웰브쉽스에 관하여 업비트는 아무런 책임이 없는 것일까요? 2021년 6월 28일에 상장 폐지만 시키면 업비트는 막대한 손해를 입은 업비트 투자자들에 대해서 아무런 책임이 없는 것일까요? 필자는 상장폐지 수개월 전부터 트웰브쉽스 투자를 금지하는 내용을 유튜브 방송에서 알렸습니다.(이 내용을 보고 억울하면 트웰브쉽스나 업비트는 필자에게 명예훼손으로 소송하셔도 좋습니다. 환영합니다!)

해커들이 이메일을 통한 악성코드 배포로 기업에 돈을 요구하는 것처럼 암호화폐 사기꾼들도 온라인을 이용합니다. 각종 SNS의 메신저 기능을 통해 투자자에게 접근한 뒤 속내를 드러내지 않고 우선 친구가 되기 위해 달콤한 말들을 늘어놓기도 합니다. 그러다 선량하고 순진한 투자자가 마음을 열면 상장이 되지 않은 유망한 특정 암호화폐라고 소개하면서 미리 저렴한 가격에 구매하라고 요구합니다.

그들이 보내준 링크를 열면 암호화폐 지갑 개인 키 등을 수집하는 가짜 웹사이트로 연결되기도 합니다. 온라인 버전의 보이스피싱이나 다름이 없는 나쁜 수법입니다. 모르는 사람의 달콤한 말에 넘어가면 안 됩니다. 보이스피싱 뉴스를 보면 대부분 "어이가 없다. 바보처럼 왜 속지?"라고 반응할 것입니다. 나는 절대 안 속는다고 자신하겠지만 당할 때는 귀신에 홀린 것처럼 속절없이 당하는 법입니다.(2021년 변요한 주연의 영화 〈보이스〉는 반드시 보시면 좋겠습니다. 보이스피싱에 관하여 지식을 습득하게 되실 것이며 예방효과가 있어 강력하게 추천합니다.)

필자는 독보적인 연구역량(업체별 실체 조사, 업계 활동 조사, 각종 숫자 데이터 수집, 통계적 분석 조사 등)을 통해 독자적인 스캠 코인 식별법을 터득하였습니다. 대형 거래소에 상장된 암호화폐라 할지라도 이미 상장 시부터 나쁜 냄새를 풍기는 위험한 종목들을 지목하여 유튜브 방송을 통해 투자자들에게 알리고 주의를 당부한 바 있습니다. 이런 경우에 유튜브 라이브 방송 중에 갑자기 20여 명이 댓글로 테러를 시도한 적도 있었습니다. 아마도 해당 거래소의 아르바이트로 고용된 사람들이거나 특정 암호화폐 업체나 MM에서 고용한 아르바이트들로 추정이 됩니다. 실제로 '빗썸(bithumb)'거래소의 패블릭, 오리고, 오로라, 원루트 네트워크, 다빈치, 코스모코인, 베이직, 피벡스, 아픽스, 타키온 프로토콜, 아이온, 싸이클럽, 이마이너, FnB 프로토콜, 프레시움, DVP, 베잔트, '업비트(Upbit)'거래소의 페이코인, 블록틱스, 기프토, 애드토큰, 머큐리, 엘비알와이크레딧, 트웰브쉽스, 엔도르, 고머니2, 디크레드, 콘텐츠프로토콜, 어거 등 30여 개가 넘었던 것으로 기억하는데 상장이 폐지된 스캠 코인들은 필자가 사전에 경고한 종목들입니다. 그런데 어떻게 파악할 수 있었을까요?

일반적으로 어떠한 암호화폐에 대한 정보를 알고 싶다면 포털에서 검색하고, 홈페이지까지 들어가 볼 겁니다. 사이트가 잘 돌아가고 있으면 프로젝트팀이 정상적으로 일을 하는 것처럼 보일 수도 있습니다. 그렇지만 여기에 만족하면 안 됩니다. 홈페이지는 돈만 주면 간단하게 만들 수 있습니다. 그리고 사업을 활발하게 운영하고 있다면 최소 1달에 2번 정도는 트위터에 소식을 올립니다. 몇 달 혹은 심지어 1년 가까이 트위터에 새로운 소식이 올라오지 않는다면 문제가 생겼을 확률이 높다고 봅니다. 실제로 '기프토'의 경우 2020년 1월에 마지막 트윗이 올라간 후 1년여 기간 동안 활동이 전혀 없었습니다. 그리고 결국 업비트에서 퇴출당하고 말았습니다.

'텔레그램'도 유용한 수단입니다. 해외를 기반으로 한 암호화폐 중 상당수가 텔레그램 채널을 활용합니다. 24시간 전 세계 투자자와 소통합니다. 트위터와 마찬가지로 텔레그램 활동이 전혀 없거나 회사 공지가 수시로 올라오지 않는 경우, 또 악성 봇이 활동하고 있음에도 관리자가 방치하는 경우가 지속된다면, 특히 OO코인에 대해서 에어드랍은 무료로 준다고 클릭하게 만든다면 이 역시 관리자가 전혀 없거나 프로젝트가 멈추고 먹튀 했을 가능성이 매우 큽니다. 다만, 영어로 대화해야 하므로 특히 고령의 투자자분들은 접근이 매우 어려울 수 있습니다. 투자자들이 '에어드랍' 소식을 접하면 무료라서 환장하는 경우가 많은데 '에어드랍'으로 투자자들의 관심을 끌던 시기는 이미 2019년에 시들어졌음을 알려드립니다.

필자가 직접 지켜본 한 가지 사례를 소개해 드리겠습니다. 빗썸에 상장됐던 '패블릭'이 이에 해당합니다. 초창기에는 미국에서 대표가 한국을 방문해 가상화폐공개(ICO : Initial Coin Offering)를 진행하는 등 활발한 활동을 보이기도 했습니다. 그러나 어느 순간부터 활동하는 모습이 보이지 않았습니다. 필자는 '패블릭' 텔레그램 방에서 한국인 관리자에게 1:1 대화를 시도해 확인해본 결과 한국인 관리자는 패브릭으로부터 1년 이상 번역 업무를 받은 적이 없다는 대답을 들었습니다. 그러면 왜 관리자로 활동하고 있느냐고 물어봤더니 그냥 소정의 아르바이트 비용을 받고 일하고 있었는데 현재는 본인도 아무 활동도 안 하고 방에 남아있기만 할 뿐이라는 황당한 답변이 돌아왔습니다.(관리자가 한국인인 경우는 사실 매우 드문 경우입니다. 인건비가 저렴한 인도, 필리핀, 루마니아 등의 국가에서 영어가 가능한 사람이 고용되는 경우가 다반사이고, 관리자들은 주로 아르바이트하는 사람이고 본사와의 소통을 연결할 뿐 대단한 사람들이 아니라는 사실을 인지하시기 바랍니다)

필자는 직감적으로 활동이 중지된 프로젝트로 판단을 내렸습니다. 다각도의 분석 끝에 문제가 있는 '스캠 코인'이라고 생각해서 방송을 통해 그리고 회원들에게 주의를 당부하고 절대 매수하지 말라고 알렸던 경험이 있습니다. 패블릭은 결국 스캠으로 빗썸에서 '상장폐지' 되었습니다. 이런 일들이 발생하고 나면 투자자들의 손해는 최소 수십억 원에서 수백억 원까지 발생하게 됩니다. 즉, 돈이 증발하는 셈입니다.

이처럼 '트위터'와 '텔레그램' 2가지만 잘 체크 하더라도 '프로젝트'의 현재 상황을 어느 정도는 파악할 수 있습니다. 다만, 영어라는 언어의 장벽이 있고 부지런함이 필수적인 요소이기 때문에 투자자들이 실현하지는 못한다는 점이 안타깝습니다. 만약 체력이 뒷받침되지 않고 다소 게으른 성향의 투자자는 투자 방법을 달리하는 것이 좋습니다.

3장

자신의 성향을 알고
투자하라

나는 어떤 성향의 투자자인가?

투자자를 성향별로 분석해보면 대략 3가지 부류로 나눌 수 있습니다. 위에 언급한 시가총액, 액면가, 재무제표 등을 잘 알고 분석하는 투자자, 내용을 알고는 있지만 감으로 투자하는 투자자, 그냥 호재만 찾아서 확인 없이 무턱대고 투자하는 투자자 등입니다.

과연 어떤 투자자가 '누적 승률'이 높을까요? 나의 성향은 어떤 타입인지 본인 스스로 질문해보기 바랍니다. 성공적인 투자를 위해 가장 먼저 알아야 하는 부분이 바로 자신의 투자성향이 어떤지부터 냉정하게 파악하는 것입니다. 그래야만 이를 근거로 '올바른 투자 방향'을 설정할 수 있기 때문입니다. 타당한 목표나 원칙을 설정하지 않는 주먹구구식 투자는 필패를 가져옵니다. 지피지기면 백전백승이라는 오래된 고사성어가 있듯이 여기서 '지피'는 암호화폐의 정보이고, '지기'는 말 그대로 "나 자신을 제대로 아는 것"이라는 뜻입니다.

근본적인 질문을 먼저 드리고 싶습니다.

"여러분이 디지털 자산에 투자하고 싶은 이유는 무엇입니까? 기대 수익률은 어느 정도인가요? 월급보다 조금 더 나은 정도의 수익이면 만족하겠습니까? 아니면 직장이나 사업을 그만둘 정도로 엄청난 대박 수익을 꿈꾸시나요? 자기자본으로만 투자할 계획인가요? 아니면 대출받을 계획인가요? 장기투자인가요? 아니면 단기간 화끈하게 큰 수익을 내고 싶으신가요?"

이런 질문을 드리는 이유는 '투자 위험' 즉 리스크를 얼마나 감내할 것인지 미리 정하라는 의미입니다. "No risk, No gain"이라는 말처럼 위험을 받아들일 수 없다면 이익도 얻을 수 없습니다. 다시 말해서 자신이 공격형인지, 수비형인지 아니면 중간형인지 먼저 알아야 한다는 것입니다. 이 전술에 따라서 투자방식이 완전히 달라질 수 있습니다.

암호화폐 시장은 주식시장처럼 1일 '가격 변동 폭'이 정해져 있지 않기 때문에 그 자체로 이미 베타 지수가 매우 높은 공격적인 투자상품으로 볼 수 있겠지만, 그 안에서도 더 공격적인 투자자인지, 아니면 리스크를 회피하는 성향이 있는 수비적 투자자인지 분류할 수 있습니다.

키웨스트의 디지털 자산 투자

경험이 쌓이면 어떨 때 공격적으로, 어떨 때 수비적으로 자금을 운용하면 좋은지 노하우가 생길 것입니다. 다만, 사람은 컴퓨터와 달리 '마음', '심리'라는 것을 가지고 있어서 상황에 따라 흔들리게 되는 것이 당연한 이치입니다. 그 결과 최적화된 의사결정을 하지 못하는 경우가 많을 것입니다.

시행착오의 빈도를 최대한 감소하려면 초심, 즉 애초에 설정한 투자의 목적과 목표를 잊지 않으려는 노력이 필요합니다. 왜, 얼마나, 어떻게 투자할 것인지 자신과 맺었던 약속을 잊지 말고 흔들릴 때마다 다짐해야 합니다.

금융권에서 제공하는 '고객 투자성향 기반 권유 가능 상품 안내'라는 기준표가 있습니다. 고객이 자신의 투자성향에 맞는 상품에 가입하도록 권하라는 것입니다. 안정형, 안정 추구형, 위험 중립형, 적극 투자형, 공격 투자형 등 다섯 가지로 구분하고 성향에 맞는 채권, 주식, 펀드 등을 제안하는 표입니다. 그만큼 금융당국에서도 개인의 투자성향으로 인해 야기될 수 있는 피해가 적지 않음을 잘 알고 있는 것입니다.

"저는 투자 수익보다 원금 보존이 중요한 사람입니다."
"그렇다면 암호화폐보다는 주식, 채권투자가 나을 수도 있습니다."
"수익성을 위해서라면 어느 정도의 손해는 감수할 수 있죠."
"그렇다면 암호화폐 투자도 가능하시겠네요"

여러분은 어느 부류에 속하십니까? 그 어떤 성향이건 변치 않는 사실은 "투자의 결정은 본인이 하는 것이고, 그 결과도 본인의 몫이라는 것입니다." 투자 세계에서 변명은 필요치 않고 오직 결과만이 말해주고 증명합니다. 달콤한 과실이든, 텅 빈 계좌든 본인의 결정에 따른 결과이니 감당해야 하고 때로는 나뿐만 아니라 한 가정의 명운을 좌우할 수 있음을 명심해야 합니다.

투자 기간이나 패턴에 따라서도 투자자의 성향을 분류할 수 있습니다. 기본적으로 내가 투자할 수 있는 시간대가 언제인지, 그 시간이 얼마나 되는지, 본업이 바빠서 주간에는 투자상품을 들여다볼 시간이 없는 사람인지, 소액투자자라서 그냥 묻어두는 스타일인지 냉정하고 정확하게 파악할 필요가 있습니다.

온종일 1분 봉이나 3분 봉을 보면서 몇십 번씩 트레이딩 하는 스켈핑scalping, 하루 또는 며칠에 사이에 여러 번 매매하는 단타, 한 번 매수하면 일주일 정도 보유하면서 트레이딩하는 투자는 '스윙swing'이라고 합니다. 한 달 이상 보유하면 암호화폐 시장에서는 중기 이상의 투자로 통합니다. 주식시장이 6시간 30분 정도 열리는데 반해 암호화폐 시장은 24시간 열리므로 암호화폐 시장에서 1개월이라는 기간은 주식시장의 4개월 정도 되는 셈입니다.

참고로 스켈핑이란 과거 북아메리카 인디언들이 적의 시체에서 미리 가죽을 벗겨내 전리품으로 챙기는 것을 뜻하는 말입니다. '가죽 벗기기'처럼 얇게, 즉 초 단위나 분 단위로 매수와 매도를 반복하면서 아주 적은 이윤을 추구하는 초단타 매매기법입니다.

만일 손실을 본 상태에서 급하게 복구하기 위해 단타 거래를 자주 한다면 오히려 더 큰 손실을 볼 수 있는 점을 초보 투자자라면 특히 명심해야 합니다. 특히 뇌동매매(투자자의 독자적이고 확실한 시세 예측에 의한 매매거래가 아닌 남을 따라하는 매매)는 금물입니다.

그리고 투자는 장기전입니다. 1~2년 반짝 해보고 중단할 일이 결코 아니라는 것입니다. 필자의 경우 25년 가까이 투자했고 수많은 실패와 좌절의 시간도 있었지만 끝내 '경제적 자유'를 얻을 수 있었고, 제 경험과 지식을 책으로 나눌 수 있는 단계에 이르렀음을 매우 감사하게 생각합니다. 무엇보다 주식투자를 하던, 암호화폐 투자를 하던 적어도 10년 주기의 사이클을 두 번 정도는 겪어봐야 상승과 하락의 큰 흐름을 이해할 수 있고, 투자에 성공할 수도 있다고 생각합니다.

"아니 10년, 20년 동안 꾸준하게 어떻게 투자를 하란 말인가? 난 힘들어서 못 해!"

이런 마인드라면 투자를 안 하시는 편이 훨씬 행복하실 수 있습니다. 덜 벌고 아껴 쓰고 살면 됩니다. 주식, 채권, 암호화폐, 부동산 등 어떤 투자 분야이던지 간에 '수익'을 내고 '행복'해지고 그래서 '경제적 자유'를 누리고 싶다면 10년, 20년은 기본적으로 매진해야 합니다. 필자는 평소에 이런 말을 자주하곤 합니다.

"강한 사람이 살아남는 것이 아니라 살아남은 사람이 '레간자'(소리 없이 강한 자)다."

끝까지 포기하지 않고 시장을 떠나지 않고 버티는 사람 중에 성공하는 사람이 나옵니다. 중간에 무수한 시련이 닥치기 때문에 '멘탈'을 강화하고 '경제, 투자실력'을 연마하면서 내 자본금을 잘 지켜가면서 확실한 기회가 왔을 때 과감하게 베팅하여 큰 수익의 기회를 만들어야 합니다.

MBTI로 보는 투자성향

하나금융연구소가 2023년에 발표한 '대한민국 웰스 리포트'에 따르면 한국 슈퍼리치의 부동산 및 금융자산을 포함하는 총자산은 평균 323억 원이었습니다. 대부분 기업 경영자이며, 그 외에 의사, 변호사 등의 전문직이 많았고, 연평균 소득은 12억 원 정도였습니다.

이들은 2022년 금융자산의 60%를 현금으로 보유하거나 예금 상품에 가입했다고 합니다. 구체적으로는 전년 대비 주식 비중을 줄였으며, 현금 일부는 외화로 보유하고, 미술품 투자에 관심이 많은 것으로 나타났습니다.

부자들의 MBTI까지 조사했습니다. 결과에 따르면 자산 규모가 클수록 E(외향적), N(직관적) T(논리적), J(계획적)인 사람들의 비율이 커지는 경향을 보였습니다. 타고난 리더, 지도자형, 경영자형으로 분류되는 유형이죠.

진짜 부자인 슈퍼리치만 보면 ESTJ(26.8%)와 ISTJ(24.4%)가 압도적인 비율로 많았습니다. S는 현실적, 실용적이면서 실천력이 뛰어난 유형으로서 ESTJ는 조직관리에 뛰어난 엄격한 관리자, 경영자 스타일로로 통합니다. 리더십과 안정성을 중시하죠. 일반 대중의 8.5%에 불과한 유형이지만 슈퍼리치 중에는 3배나 많았습니다.

2위를 차지한 ISTJ는 청렴결백한 논리주의자, 현실주의자로 묘사됩니다. 일반 대중의 33%가 이 유형인데 법조계 전문직 부자 중에 ISTJ가 많았습니다.

여러분은 어떤 유형인가요? 부자가 될 MBTI 유형이 아니더라도 낙담하지 마시고 재미로 봐주시면 좋겠습니다. 참고로 필자는 사령관 ENTJ 유형입니다.

또 한 가지 재미난 방법은 한때 유행했던 손가락으로 보는 투자 성향도 있었습니다. 손가락만 보면 투자를 잘할지, 못할지 알 수 있다는 논문이 꽤 많이 발표된 바 있습니다.

네 번째 손가락인 약지의 길이가 검지보다 긴 손가락을 가진 남성이 그렇지 않은 경우보다 주식투자 트레이더로 성공할 확률이 훨씬 높다는 연구 결과입니다. 이들은 추세 추종 전략을 더 많이 따른다는 결과도 나왔습니다. 다만 단타 매매에 주로 종사하는 트레이더들의 경우이며, 안정성 유지가 필요한 뮤추얼펀드나 연기금 운용 분야에서는 오히려 실패할 확률이 높을 수도 있다는 단서도 달았습니다.

이러한 특징은 대표적인 남성 호르몬인 테스토스테론 때문이라고 합니다. 이 호르몬이 증가하면 자신감과 리스크 감내도를 높이게 되고, 이를 통해 성공하면 다시 호르몬이 더 많이 분비되어 더 과감한 도전을 하게 된다는 것이죠. 승부욕이 필요한 운동선수들이 바로 이런 경우입니다.

이 손가락의 길이가 정해지는 것은 태아가 발달하는 시기입니다. 이때 자궁 속에서 테스토스테론에 더 많이 노출되면 약지가 더 길어진다고 합니다. 돈 버는 재주는 타고난다는 것인데, 이 역시 일부 과학자들의 통계일 뿐이니 검지가 더 길더라도 너무 낙담하지 말고 본인을 한번 파악해 보는 재미있는 방법 정도로 생각하시면 좋겠습니다. 필자의 경우는 방금 자로 재어보니 약지가 검지보다 1.0cm 정도 길 것으로 확인했습니다. 재미로 보는 통계라고 생각하시기 바랍니다.

아침형 인간인가, 올빼미형인가

기본적으로 주식과 암호화폐는 거래소의 형태가 다릅니다만 가장 큰 차이는 '운영시간'입니다. 주식투자는 평일 기준으로 오전 9시에 시작하여 오후 3시 30분이면 장이 종료되지만, 암호화폐 시장은 휴일이나 쉬는 시간이 없습니다. 예를 들어 업비트는 가끔 휴식 시간이 주어지는 데 통상 3개월에 한 번 정도로 새벽에 6시간 정도 시스템 안정화나 업그레이드 시간을 갖습니다. 다만, 업비트 거래소의 트레이딩이 멈추는 것이지 다른 거래소는 정상적으로 거래가 이루어집니다. 즉, 전 세계 암호화폐 시장이 협의하여 오늘 몇 시부터 몇 시까지는 쉽시다! 이런 경우가 단 한 번도 없었다는 사실입니다.

그래서 당연히 투자자에게는 24시간을 활용할 수 있는 강한 의지와 체력이 요구됩니다. 체력이 약하면 필패할 가능성이 크고, 본업에도 악영향을 미칠 수 있습니다. 샐러리맨이 회사 일하면서 실시간으로 투자 상황을 체크할 수는 없고 제한적일 것입니다. 또한 투자를 본업으로 삼는 전문가라고 하더라도 아침형 인간이 있고, 올빼미형이 있습니다. 필자가 지켜본 경험으로는 아침형 인간의 투자자는 암호화폐 보다는 주식투자가 잘 맞고 올빼미형 인간이 암호화폐 투자에 더 적합하다고 생각합니다.

그런데 일별 시초가를 적용하는 기준시각이 거래소마다 다르다는 것도 특징입니다. 예를 들어 세계 최대의 거래소인 바이낸스 binance는 한국시간으로 자정 12시에 일일 기준가격이 변동됩니다. 한국의 대표적 거래소인 빗썸bithumb 역시 자정이지만 업비트upbit는 오전 9시입니다. 즉, 바이낸스, 빗썸과 업비트의 해당 일자의 마감 가격은 다를 수밖에 없다는 사실입니다. 이는 차트에서 파악할 수 있는 종가가 다르다는 점을 인지하고 차트를 봐야 한다는 의미입니다. 주식도 마찬가지이지만 암호화폐는 F1 자동차 레이싱 출발점의 경쟁처럼 일봉이 결정되는 시각부터 약 30분 동안(업비트의 경우 오전 9시부터 9시 30분까지)은 거래가 활발하게 일어나고, 일부 종목은 펌핑이 나와서 30~50%p 이상 상승하는 경향이 있으므로 자정 시간이 기준시가인 거래소에서 트레이딩하는 경우라면 밤잠이 적은 투자자가 다소 적합하다고 볼 수 있습니다. 그래서 아침형 인간이라면 암호화폐 투자에는 불리할 수도 있습니다. 그래도 암호화폐 시장에서 활동하고 싶다면 중장기 투자 스타일로 접근할 것을 권합니다. 참고로 필자의 경우는 빗썸 거래는 약 2년 전부터 안 하고 있는데 거래소 펀더멘털 자체가 여러 문제가 있다고 생각해서였지만, 자정에 시초가가 이루어지는 것도 필자의 스타일에 맞지 않기도 했다는 점을 알려드립니다.

이처럼 주식시장에서의 '6시간 30분'과 암호화폐 시장의 '24시간'을 비교하면 암호화폐 시장이 약 3.7배 정도 더 빨리 돌아간다고 볼 수 있습니다. 즉, 암호화폐 시장의 1년이 주식시장의 3.7년에 해당하기 때문에 암호화폐 시장의 1분기가 주식시장 1년과 맞먹는 시간입니다. 그래서 필자는 주식시장은 '야구', 암호화폐 시장은 '농구'에 비유하곤 합니다.

여담이지만 저는 어릴 때부터 농구를 너무 좋아해서 중학교 3년 동안에서 아침 7시 30분까지 학교에 가서 약 1시간 정도 매일 농구를 했었고, 직장 생활을 할 때는 사회인 야구도 10년 정도 경험했습니다. 두 종목의 가장 큰 차이점은 '야구'는 공수 교대하면서 쉬어갈 시간이 있지만, '농구'는 그럴 시간이 없다는 점입니다. '농구'는 계속 뛰면서 생각하고, 계속 생각하면서 뛰어야만 합니다. 반면에 '야구'는 다음 플레이를 머릿속으로 시나리오를 그려가면서 수비하는 경우가 많고, 타자가 투수와 대결하고 아웃이 되던 출루를 하던 일종의 1개 타임으로 나누어집니다. 그래서 '야구'보다는 '농구'가 '민첩한 순발력'과 '빠른 의사결정'을 요구한다고 볼 수 있습니다. 필자기 빠른 판단력을 갖추게 된 이유 중 하나가 농구를 상당 기간 즐겨한 게 도움이 되지 않았나 생각합니다. 따라서 본인이 '주식투자'에 더 맞는 투자자인지, '암호화폐 투자'에 더 적합한 투자자인지를 한 번 더 확인해보시면 좋을 것 같습니다.

24시간을 지치지 않는 체력이 필요한 이유는 매매 시간이 길기 때문이기도 하지만 '정보 분석' 때문이기도 합니다. 계속해서 언급하지만 '암호화폐 투자'는 정보싸움입니다. 기본적으로 주식보다 관련 정보를 얻기가 훨씬 더 어려우므로 열심히 공부해야 합니다. 국내외 뉴스를 모두 챙겨야 하는데 '가짜 뉴스'가 많으므로 신중하게 옥석을 가려야 하고, 24시간 시황을 분석하면서 전략도 짜야 합니다. 사실 '주식투자'의 경우도 마찬가지인데 새벽에 미국 시장을 체크하고 아침에 미국 뉴스를 보다 보면 힘들기는 매한가지입니다.

필자의 경우 요즘에는 하루에 2~3번 정도 시세 창을 검토하고 있지만(스윙 이상의 기간을 두고 사고팔며 중장기적으로 투자하는 스타일), 2017년 암호화폐 투자 초기에는 퇴근 후 수백 번을 들여다보고 눈이 아플 정도로 연구했습니다. 저녁과 새벽 시간에 트위터를 통해

두바이 DMCC in 서울(2023년 3월)

암호화폐 재단 대표가 생방송을 하는 '무엇이든 물어보세요AMA : Ask Me Anything'도 꼭 챙겨서 공부하곤 했습니다. 현재에는 국내, 특히 해외 블록체인 컨퍼런스, 세미나 등에 적극적으로 참여하여 투자자들에게 중요한 소식과 업계 변화 등을 알리고 있습니다. 아울러 업계에 네트워크도 점차 늘어나고 있습니다.

'나는 어떤 성향의 투자자인가?', '어느 정도의 목표로 얼마나 오랜 기간 투자할 것인가?', '나의 체력이 받쳐 줄 수 있는가?' 등 냉정하게 판단한 다음에 접근하시길 바랍니다.

자신의 실력을 냉정하게 인정하라

"한 종목만 찍어줘 봐!"

필자가 지인으로부터 가장 자주 받는 질문입니다. 이 질문을 하는 사람들의 마음속에는 '아무런 노력 없이 아주 편안하게 돈을 벌고 싶다'라는 욕망이 담겨있는 표현이라고 생각합니다. 유독 암호화폐 시장에 성공담이 자주 들려서인지 투자 시작과 함께 바로 대박을 내려고 하는 사람들이 참 많은 것 같습니다. 하지만 세상에 공짜 점심은 없습니다. 운이 좋으면 추천받은 종목으로 한두 차례 수익을 낼 수는 있겠지만, 계속 그런 방식으로 투자하게 된다면 결국에는 손실 가능성이 크다는 것을 경험적으로 결론 내린 사실입니다. 이런 사람들에게 되묻고 싶습니다.

"국내 암호화폐 투자자 중 당신의 '투자실력'은 몇 등입니까? 또한 당신의 '탐욕'은 몇 등입니까?"

당구나 골프 같은 게임에는 아마추어들끼리 경기할 때 '핸디캡'이라는 것이 존재합니다. 초보와 고수 사이의 실력을 인정하고 배려해 주는 일종의 관행이 존재합니다. 하지만 안타깝게도 냉정한 '프로'의 세계에는 이런 배려가 없습니다. 실수였다고 한 수 물러달라고 할 수도 없으며 투자금을 다 잃었으니 소위 말하는 '개평'을 달라고 요구할 수도 없습니다.

주식이든 암호화폐든 자신의 자산을 걸고 투자하고 있다면 당신은 이미 '프로' 세계에 뛰어든 셈입니다. 당연히 '프로 정신'을 가져야 합니다. 결코 요행이나 행운을 바라서는 안 된다는 이야기입니다. 한두 번은 '초심자의 행운'으로 돈을 벌 수 있겠지만 결국 투자금을 다 잃고 마음도 상하며 시장을 떠나게 되는 경우가 대부분입니다.

자신의 투자실력을 냉정하게 평가하고 이에 맞는 규모로 투자해야 합니다. 특히 초창기에는 소규모 자금으로 다 잃어도 괜찮은 자금으로 연습해야 합니다. 모르면 배워야 하고, 실력이 부족하면 겸손해야 합니다. 실력을 갖추지 않은 '투자'는 '투기'와 같고, '투기'가 지속되면 결국에는 투자금을 시장에 뼈아픈 수업료로 모두 갖다 바치게 될 것입니다.

다윈과 뉴턴 중에 누가 투자의 달인일까?

'찰스 다윈Charels Robert Darwin'과 '아이작 뉴턴Isac Newton', 두 천재 과학자 중 '투자의 달인'은 과연 누구였을까요? 아마도 물리학자인 '아이작 뉴턴'이 생물학자인 '찰스 다윈'보다 상대적으로 수익률을 얻었을 것 같은 느낌이 들지 않나요? 두 영국 과학자에게 얽힌 재미있는 '투자 스토리'가 있습니다.

'뉴턴'은 투자 초기에 '남해 회사'라는 주식에 투자해서 수익을 내고 있었습니다. 그러던 어느 날 매도한 후 해당 주식이 급등하자, 꼭지에서 다시 풀매수를 했습니다. 하지만 손실을 보고 말았습니다. 금액은 약 2만 파운드, 당시 가치로 50억 원 정도였으니 지금의 가치로는 엄청난 자금이었을 것입니다. 전 재산의 80~90%에 해당하는 금액이었다고 하니, '뉴턴'의 상심이 얼마나 컸을지 짐작이 됩니다.

이런 '투자방식'은 이미 언급한 것처럼 절대 하지 말아야 할 투자 패턴이죠. 천재 과학자가 왜 그런 말도 안 되는 투자를 했을까요? 아마도 상승 초기에 매도한 자신과 달리 마지막까지 팔지 않고 버티던 주변 지인들이 엄청난 수익을 내는 걸 보고 상대적 박탈감에 패닉바잉Panic Buying, 재매수했던 것으로 판단됩니다. 전형적인 'FOMO 증후군'이며, 이미 거둔 이익은 생각하지 않은 '탐욕'이 가득한 투자였습니다. 당시 지구상에서 가장 똑똑했던 뉴턴도 이런 실수를 하는 걸 보면 주식투자가 결코 쉬운 일은 아닌 것 같습니다.

'뉴턴'의 당시 나이가 79세였는데 늦은 나이에 왜 그토록 무모한 투자를 감행했는지는 선뜻 이해하기 어려운 대목입니다. 당대 최고의 물리학자라는 자존심 때문이었는지도 모르겠습니다. 인간이 컴퓨터는 아니므로 '감정'과 '투자 심리'가 있기에 그런 것이었다고 생각합니다. '뉴턴'의 행적을 살펴보면 그가 돈에 대한 집착이 상당했음을 유추할 수 있습니다.

사람들이 잘 모르는 사실이지만 '뉴턴'은 50대 중반에 영국 조폐국 감사를 거쳐 '조폐국장'으로 일했던 경력을 갖고 있습니다. 안정적이면서 존경받는 케임브리지 대학의 교수직을 내려놓고 조폐국으로 자리를 옮긴 것과, 이에 따라 주거지를 케임브리지에서 런던으로 옮긴 후 하루 16시간 동안 업무와 경제학 공부를 병행했던 것을 보면 그런 해석이 가능합니다. 뉴턴이 흙수저였던 것도 그가 돈에 집착하게 된 큰 원인 중 하나일 것입니다.

'뉴턴'과 달리 주식투자를 매우 잘했던 영국의 과학자가 있습니다. 바로 '찰스 다윈'입니다. '뉴턴'이 엄청난 흙수저였다면, '다윈'은 지금으로 따지면 대기업 집안 출신의 '금수저'였습니다. 처가도 부유한 집안이었기에 일하지 않고 오직 '연구'에만 매달렸고 돈을 벌기 위해 일해본 경험이 없는 사람이었습니다. 대표적인 사례가 22살에 비글호를 타고 5년간 항해하면서 연구에 집중한 것인데, 가문이 부자가 아니었다면 불가능한 일이었을 것입니다. 그리고 '다윈'이 풍기는 외모와 달리 '투자'에 능했습니다. 어느 날 누군가 '다윈'에게 이런 질문을 했습니다.

"당신이 가장 잘하는 일이 무엇입니까?"

"돈을 불리는 것은 누구보다 잘할 수 있소."

'다윈'의 대답은 명료했습니다. 기업을 분석하는 능력도 탁월했고, 장기적인 가치투자에도 능했던 것으로 알려졌습니다. 물론 충분하게 받쳐 주는 자금력도 한몫했을 겁니다. 게다가 워낙 금수저라서 평생 돈을 벌기 위해 일한 적이 없습니다. 이 타고난 부와 투자 수익을 바탕으로 '종의 기원'이라고 하는 생물학 역사에 엄청난 업적을 남긴 것입니다.

단순하게 두 사람의 스타일만 비교해 보아도 투자는 '수학'이 아닌 '종합예술'이라고 할 수 있습니다. IQ만 동원해서 될 일이 아니라 EQ에 인간의 '심리'까지 통달해야만 최종 승리자가 될 수 있으니 말입니다.

4장

원칙에 충실하라

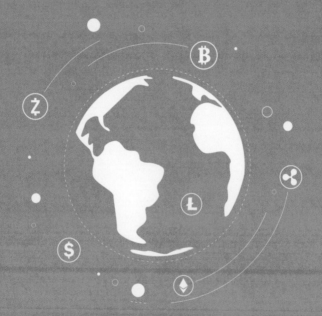

달리는 말에 올라탈 수 있을까?

가격이 상승 무드에 접어들었다고 해서 매수하는 전략, 즉 가격을 추격하는 매수는 지양해야 한다는 것. 이는 매우 중요한 사항입니다. 오르는 종목을 사지 말라고 말한다면 도대체 언제 매수하면 좋다는 말일까요?

특정 종목의 가격이 고점일 때 매수하면 가격이 상승하더라도 수익률이 상대적으로 높지 않을 수 있습니다. 매수 적기는 가격 호가창이 빨간 불일 때보다는 오히려 파란 불일 때가 더 좋습니다. 당연히 매도 적기는 그 반대입니다. 즉, 남이 팔 때 저렴하게 줘서 감사하는 마음으로 매수하고 남이 사줄 때 비싸게 사줘서 감사한 마음으로 매도하라는 것입니다. 투자는 기본적으로 심리전이고, 눈치 게임입니다. 남들이 팔 때 저렴하게 매수하고, 남들이 살 때 지나친 욕심을 부리지 않고 시장에 내놓으면 되는 것입니다.

워런 버핏Warren Buffett 역시 "다른 사람들이 욕심을 낼 때 두려워하라. 다른 사람들이 두려워할 때 욕심을 내라"고 말했습니다. 이는 '공포에 사고 환희에 팔아라'는 뜻이죠.

투자자들 사이에서 흔히 하는 농담 중에 "달리는 말에 올라타야 한다"는 말이 있습니다. 그런데 가만히 살펴보면 이 말에는 모순이 있습니다. 달리는 말에는 올라타기가 어디 쉽겠습니까? 가만히 서 있는 말도 높이가 매우 높아서 올라타기가 힘든데 어떻게 달리는 말에 올라탈 수 있겠냐는 말입니다. 이처럼 농담을 진실로 받아서 반박하는 이유는 그저 웃고 넘어갈 얘기가 아니기 때문입니다.

설사 운이 좋아서 달리는 말에 올라탔다고 하더라도 결과가 좋으면 다행이지만 이런 식의 투자는 한 번 삐끗하기 시작하면 걷잡을 수가 없습니다. 원대한 계획과 달리 '엇박자'가 나기 일쑤인 것이 투자시장입니다. 아홉 번의 수익이 나더라도 실수 한 번이면 이전의 수익이 물거품이 되기 쉽습니다. 너무 고점에 나도 모르게 추격매수 했다가 갑자기 급락했던 경험을 해보지 않은 사람은 모릅니다. 정말 손 쓸 틈도 없이 무엇인가에 홀린 것처럼 하락합니다. 실수가 계속 엇박자로 이어져 –10%p도 여러 번 맞게 되면 수익률은 하루에도 –50%p 이상 될 수 있다는 점이 암호화폐 시장의 위험성인 것입니다.

특히 투자자들이 조심해야 할 때는 1) 술에 취한 상태에서 밤늦게 매매할 때 현재 200원인 암호화폐를 100원까지 던져서 헐값에 매도하는 경우, 반대로 100원짜리 종목인데 200원에 매수를 걸어 매우 비싸게 호가창을 소위 긁으며 매수하는 경우를 매우 조심해야 합니다. 취했을 때는 절대로 매매하시면 안 됩니다. 2) 감정이 뭔가 격한 상태에서의 매매도 마찬가지로 조심해야 합니다. 매우 기분 나쁜 일이 있다거나 극심한 스트레스 상황에서는 '이성'적인 판단보 다 '감정'적인 판단이 앞서는 경우가 많습니다. 3) 컨디션이 매우 안 좋은 상황에서는 매매도 쉬고 몸도 마음도 충분히 쉬어야 합니다. 오늘만 매매할 수 있는 것이 아님을 기억하십시오!

이런 급작스러운 상황에 부닥치면 조바심이 나서 손절을 반복 하게 되고, 롤러코스터를 탄 것처럼 정신을 못 차리다가 '스캘핑' 매 매로 손실을 입기 시작하면 3일 만에 투자원금을 거의 잃어버리는 '깡통 계좌'로 전락할 수도 있으니 조심해야 합니다.

내가 생각한 적정한 가격대에 도달하지 않으면 매수하지 않고 기다리는 인내심이 필요한 시장입니다. 그리고 매수할 때는 한 지 점의 가격으로 매수하는 것이 아닌 분할 매수를 하는 습관을 들여 야 합니다. 매도할 때도 한 지점의 가격으로 홀랑 매도하는 게 아닌 여러 포인트에 나누어서 분할매도하는 습관을 들여야 합니다. 기다 릴 줄 아는 지혜가 필요하고 조급한 마음을 가진 투자자는 느긋한 투자자에 비해 냉정을 유지하기가 힘듭니다. 내가 주도권을 가지고 시장을 리드해야지 끌려다니면 안 됩니다. 하락장에는 냉정하게 충 분한 시간을 갖고 쉬어가는 지혜도 필요합니다. 이 원칙은 주식을 비롯한 모든 투자에도 적용됩니다. 필자가 설명하는 내용은 비단

'암호화폐' 뿐만 아니라 '주식'을 포함하여 대부분의 '투자'에 적용된다고 이해하면 됩니다.

수익률이 하루에도 −50%p 이상 될 수 있다는 얘기는 반대로 하루 만에 +50%p 이상의 수익을 낼 수 있는 시장이라는 뜻도 됩니다. 상하한선이 없으니 '상승'과 '하락'의 폭이 워낙 크고 시장 움직임도 매우 빨라서 하루에도 몇 번씩 천당과 지옥을 오가는 것이죠.

일부 투자자들은 +50%만 생각합니다. 자신에게는 반드시 그런 행운이 올 것이라 믿기 마련입니다. 나만 똑똑하고 남들은 멍청한 것 같다는 생각마저 들 수 있습니다. 하지만 "이번엔 다를 거야. 감이 좋아!"라는 식의 근거 없는 자만심이나 낙관론은 매우 위험한 생각입니다. 가치투자의 선구자, '벤저민 그레이엄Benjamin Graham'은 "낙관으로 사지 말고, 산수로 사라"고 말했습니다. 산수를 공부하지도 않는 당신에게만 유독 행운이 따라다닐 수는 없습니다. 특히 '그레이엄'은 수익률을 극대화하는 것보다 손실을 줄이는 것을 더 중요하게 생각했습니다. 그는 CFA(국제재무분석사: Certified Financial Analyst)를 만든 사람이기도 합니다.

매수와 매도가격을 미리 결정하고
분할 매매하라

필자는 특히 '매수'와 '매도' 가격을 미리 결정하고 이에 따라 기계적으로 매매하기를 강조합니다. 내가 생각한 그 지점에 다다르면 망설이지 말고 실행해야 한다고 또 강조합니다. 이 원칙에는 많은 분이 공감할 것 같습니다만 생각처럼 적정한 매수와 매도 가격대 설정도 어렵거니와 막상 매수, 매도 타이밍이 왔을 때 "조금만 더 버텨서 수익을 내볼까?" 하고 망설이게 되는 것이 평범한 보통 사람의 '투자심리'입니다. '무릎'에 사서 '어깨'에만 팔아도 꾸준하게 매매하면 부자가 될 수 있는데 나는 무조건 최저점에 매수해야 하고 최고점에 매도해야 한다고 생각하는 것 자체가 버려야 할 '팀욕'인 것입니다.

모든 종목을 '최저점'에서 매수하여 '최고점'에서 매도하는 게 불가능합니다. 실제로 그렇게 도전하더라도 하루 24시간 '호가창'이나 '차트'를 눈 빠지게 보면서 생활해야 하는데 일상적인 생활을 하면서는 절대 불가능한 일입니다. 따라서 개인별로 매매 목표 가격을 정하고 이에 도달하면 망설이지 않고 매도하는 습관을 갖는 것이 좋습니다. 목표 가격에 도달하면 해당 종목의 50% 비중이라도 뒤도 돌아보지 않고 매매합니다. 이런 원칙을 만들고 지키면 나의 투자 잔고는 자연스럽게 불어나게 될 것입니다.

매도한 뒤 가격이 오르면 그게 너무 아까워서 계속 그 생각만 날 수도 있는데 한번 매도하고 나면 쿨하게 보내주는 대범한 마인드셋이 필요합니다. 투자할 암호화폐의 종류는 너무나 많고 그 특성도 다양하므로 개별종목 중에서 유망하게 보여지는 종목을 찾아 열심히 공부하고 또 다른 저평가된 암호화폐를 찾아서 수익을 내면 되는 것입니다.

모든 암호화폐의 현재 시점 '기회비용(opportunity cost: 어떤 재화의 용도 중 한 가지만을 선택한 경우, 포기한 용도에서 얻을 수 있는 이익의 평가액)'은 같습니다. 하나의 재화를 선택했을 때 그로 인해 포기한 것 중에서 가장 큰 것의 가치는 같다는 뜻입니다. 다만, 향후 그 기회비용의 가치가 달라지는 것이고, 이를 잘 예측하는 것의 투자 성공의 지름길입니다. 내가 선택한 종목의 가격이 선택하지 않은 종목보다 상승하면 기회비용이 작은 것이고 그 반대라면 기회비용이 큰 것입니다.

투자자들에게 조언하면서 가장 많이 강조하는 '투자 원칙' 중 하나가 '분할 매수'와 '분할 매도'의 습관화입니다. 예를 들어 100 원 정도 가격의 종목을 '매수'한다고 가정해 보겠습니다. 대부분은 98~102원 정도 부근에서 소위 풀매수를 들어갑니다. 한 종목이 마음에 들고 참을성이 부족하기 때문입니다. 하지만 매수는 이렇게 하는 것이 아닙니다. 하지만 매수는 이렇게 하는 것이 아닙니다.

만일 1,000만 원의 투자금액을 매수한다고 가정하면 300만 원은 100원에 현재가에 매수(급등할 가능성도 있기 때문이다)하고, 나머지 700만 원은 80원 정도까지 2원 단위 정도로 '예약 매수'를 걸어 가격이 하락할 때 매수가 되도록 하는 매매법이 현명합니다. 만약에 80원까지 가격이 하락할 경우, 위의 매수법을 적용하면 매수 평단가가 92원이 됩니다. 이렇게 매수해야만 현재 가격 대비 -20%p 지점인 80원까지 하락하더라도 '평균 단가'를 낮출 수 있습니다. 원래 매수법대로라면 100원으로 회복이 될 경우, 수익률이 0%인데 반해 평균 가격 92원에 매수가 되었다면 수익률이 이미 8.7%p 상승한 상태이어서 1천만 원 원금 중에 87만 원이 수익으로 발생하게 됩니다. '전자'의 매매가 일반 투자자의 매매여서 매일 조금 벌고 조금 잃은 투자를 하게 되는 것이며, '후자'의 경우는 매일 이기는 매매 확률이 높아지는 것입니다.

'분할 매도'의 경우도 공부해 볼까요? 만약 이 종목이 199원까지 상승했는데 200원에 전부 '예약 매도'를 설정해 놓았다면 단 한 개의 암호화폐도 팔리지 않을 것입니다. 그렇게 되면 100원에서

199원까지의 상승에 따른 수익을 한 푼도 얻을 수 없게 되는 것입니다. 큰 욕심 때문에 그렇게 된 것입니다.

설령 120원 정도에 매도해서 수익을 냈다고 하더라도 약 20%p 정도의 수익을 실현했고 99%p의 수익을 놓쳤다고 생각하기 때문에 심한 허탈감에 빠지게 될 것입니다. 오히려 더 높은 가격에서 매도했을 때 얻었을 이익을 생각하면 손해를 입은 것처럼 생각할 수도 있습니다. 욕심을 다소 버리고 130~170원이나 150~200원에 분할매도를 걸어놓았다면 최고점에는 미치지 못했지만 각각 50%와 74.5%에 해당하는 상당한 수익을 냈을 것입니다. 필자는 평소에 "점이 아닌 선으로 매매하라"라는 원칙을 자주 언급하고 강조를 하는데 바로 이런 의미입니다. '점'은 오직 한 지점만 점유할 수 있지만 '선'은 '구간'을 지배할 수 있기 때문에 '점'은 1차원이고, '선'은 2차원의 세계를 가져갈 수 있는 것입니다. 한 '점'에 매수와 매도가격을 예약매매로 주문한다면 거래하는 과정이야 편하겠지만, 장기적인 투자에서 가장 중요한 '이기는 습관'을 얻지는 못할 것입니다.

말콤 글래드웰은 저서 《아웃라이어》에서 "일정 수준의 실력을 갖추기 위해서는 1만 시간이 필요하다"라고 주장했습니다. 이는 416일에 해당하는 시간으로, 하루에 4시간씩 공부한다면 2,500일, 즉, 6.8년이 필요하다는 계산이 나옵니다. 즉 어떤 영역에 있어서 '고수'가 되기 위해서는 매일 4시간씩 공부해도 7년은 걸린다는 의미입니다. 여러분 모두 한순간 빨리 뛰는 '토끼'보다 다소 느리지만 결승점에서 승리하는 멋진 '거북이'가 되기를 바랍니다.

키웨스트의 디지털 자산 투자

여유자금을 확보하고 있어라

주변을 보면 항상 '풀매수'하는 투자자들이 매우 많습니다. 그것도 주로 '한종목'인 경우가 많았습니다. 깡통 계좌로 가기에 알맞은 투자방식입니다. 물론 풀매수 상태에서 수익이 나면 좋겠지만 마이너스로 돌아설 때는 딱히 대응할 방법이 없습니다. 매수 표지션을 잡은 상태이므로 마치 다른 매매 포지션을 잡을 수가 없습니다.

'투자시장'에는 항상 '리스크'가 존재한다는 것을 잊지 말아야 합니다. 정치적, 경제적 요인은 물론이고 해킹이나 거래소 서버 다운 같은 돌발적인 요인으로 인해 주문이 불가능한 상황을 맞이할 수 있습니다. 이러한 예상치 못한 상황에 직면했을 때 당황하지 않고 대처하기 위해서는 현금을 최소 30%, 가능하다면 50% 정도는 보유하고 있는 것이 좋습니다.

필자는 이것을 '남한산성' 매매법이라고 재미있게 작명했고 투자자들에게 가르쳐 왔습니다. '업비트'를 예로 들면 '케이 뱅크'에서 업비트로 자금을 옮기는 것은 잠깐이면 가능합니다. 따라서 '케이 뱅크'는 남한산성이 아닙니다. 그리고 매수한 종목이 폭락하더라도 30~50%의 여유자금은 보유한 종목의 평단가를 현저하게 낮출 '매수 기회'를 주기 때문에 '위기'가 오히려 '기회'로 변하는 상황이 되는 것입니다. 투자 이익이 발생하면 이익금까지 투자하기보다는 이익금은 '남한산성' 즉, 다른 은행 계좌로 대피시켜 놓으시는 전략도 매우 좋은 방법이라고 생각합니다.

이렇게 만일의 사태에 대비해가면서 투자를 이어 나간다면 위기 상황에서 순간적으로는 마이너스 수익률을 기록하더라도 비축한 현금으로 기존 보유 암호화폐의 평균 매수단가를 낮추거나 혹은 다른 급락 종목을 매수함으로써 계좌의 잔고를 플러스 수익률로 전환시킬 수 있는 투자가 되는 것입니다.

1년, 또는 수개월에도 몇 번씩 가격이 전체적으로 급락하는 상황이 발생하는데, 이런 구간에서 짧게 투자해 수익을 내는 전략만 구사해도 누적 수익을 플러스로 유지할 수 있습니다. 즉, 롤러코스터 장세에서는 현금 보유기간이 길수록, 종목 보유기간이 짧을수록 수익을 낼 확률이 높아집니다. 예외가 있다면 완전 바닥에서 지속적 상승세를 유지하는 기간일 것입니다. 어떤 시장이든 상승과 하락의 사이클을 반복한다는 사실을 잊지 마시고 반드시 '비상금'을 잘 비축해두기 바랍니다.

'소문'과 '감'에 의존하는
묻지마 투자는 금물

어느 해 어버이날에 한 '천리포 수목원'에 방문했다가 어떤 가족의
대화를 우연히 듣게 된 적이 있었습니다. 50대 중반 정도의 남편분
이 이렇게 말했습니다.

"'도지코인'이 좋다고 해서 620원에 샀는데 올라서 1천 5백만 원
을 벌었다."

아내는 자식들에게 이렇게 얘기합니다.

"OO코인에 한 달에 150만 원을 투자하면 매월 30만 원씩을 이
자로 준다고 하던데."

끼어들어서 한마디 충고하고 싶었지만 마침 성인으로 보이는 두 자녀도 있었고 행복해 보이는 가정의 분위기를 깨고 싶지 않았습니다. 역시 가족과 함께 있는 시간, 가족들은 필자가 누군가에게 개입하면 분명히 싫어할 것이 분명하여 그냥 지나쳤습니다.

그 코인은 당시 660원이었는데 저녁에 집에 와서 보니 약 530원까지 하락하여 −15%p를 기록하고 있었습니다. 만일 그 남편분이 '도지코인'을 계속 보유했다면 저녁에는 마이너스로 돌아선 사실을 확인했을 겁니다. 다시 반등해서 620원을 회복하긴 했지만 불안한 마음에 손절했을 수도 있고 또한 그대로 보유했더라도 결국 수익은 없었을 것입니다. 이러한 투자를 전형적인 '감에 의존하는 투자방식' 남들이 '도지!', '도지!' 말하니까 '도지코인'이 뭐 하는 코인인지도 모르고 추종 매매하는 방식이라고 말할 수 있겠습니다.

주변에서 "아무개가 'A 코인'으로 떼돈을 벌었다더라!"라는 소식을 들으면 "그러면 나도 할 수 있겠는데? 내가 아무개보다 못한 것이 뭐람"하며 무조건 따라서 매수하는 사람도 있습니다. 이런 방식의 투자는 한두 번 운 좋게 수익을 낼 수 있을지는 몰라도 지속해서 투자를 이어 나가면 결국 손실로 이어질 가능성이 큽니다. 투자할 암호화폐가 어떤 종목인지, 왜 올랐는지 이유부터 파악해야 하는데 돈 놓고 돈 먹기식으로 쉽게 생각하고 뛰어드니 결국엔 필패인 것입니다.

저자가 평소에 강조하는 원칙 중 하나는 "내가 투자하는 종목에 관해 설명할 수 있어야 한다는 점입니다." 도대체 어떤 근거를 가지

키웨스트의 디지털 자산 투자

고 해당 종목을 매수했는지 납득이 되어야 한다는 말입니다. 자기 자신에게조차 설명하고 설득하고 명확하게 이해시킬 수 없다면 타인에게도 설명할 수 없을 것입니다.

'매수한 이유'를 설명할 수 있기 위해서는 공부해야 합니다. 공부하고 나서 그 내용을 타인이 이해할 수 있게 설명할 수 있어야만 진정으로 자신이 이해하고 있는 것입니다. 학창 시절에 반에서 1등 하는 친구의 설명을 들어본 기억이 있으실 겁니다. 사실 1등 친구는 다른 친구에게 설명하면서 본인도 다시 공부하는 기억을 오래 가져가는 것이고, 그래서 또 1등을 유지할 수 있는 이유이기도 합니다. 월스트리트의 전설, 피터 린치Peter Lynch가 이런 말을 했습니다.

"당신이 무엇을 소유하는지 알고, 당신이 왜 그것을 소유하는지 알고 있어야 합니다."

다른 사람들이 매수한다고 해서 따라 사지 말고, 본인만의 기준을 확실히 만들어서 투자해야 합니다. 그 종목을 매수하는 이유를 나 자신뿐만 아니라 타인에게 명확하게 설명할 수 없다면 절대 매수하지 말아야 합니다.

또한 투자 결정을 본인이 했으니 실패의 아픔 역시 본인이 감당해야 합니다. 누굴 탓해서는 곤란합니다. 그러니 무엇보다 "내가 잘 아는 지인이 나한테만 알려주는 거라면서 어디 어디에 투자하라더

라. 곧 대박이 난다더라. 묻지도 따지지도 말고 일단 사라"와 같은 지인의 '카더라통신'은 절대로 믿어서는 안 됩니다.

카더라통신에 근거한 '묻지마 투자'는 다단계를 포함해서 부동산, 쓸모없는 간척지, 비상장주식, 스캠 코인 등 그 시기에 가장 핫한 상품이 아이템입니다. 이런 식의 묻지마 투자를 하면 왜 잃었는지 묻지 못하는 난처한 상황에 직면할 수도 있습니다. 그리고 돈도 잃고, 친구도 잃을 수 있습니다.

돈을 잃고 나면 '멍부', 즉 '멍'청한데 '부'지런해서 나까지 망하게 만든 그 친구를 원망하겠습니다만 사실 그 친구도 의도한 '공범'이거나 의도하지 않은 '피해자'일 가능성도 있습니다. 투자사기인 것을 알고도 권했거나, 본인이 당한 사기를 만회하기 위해서 당신을 희생양으로 삼았을 수 있습니다. 어찌 되었건 친구를 잃게 될 것입니다. 사실 그런 '불량 투자상품'을 권하는 것 자체가 이미 친구 자격이 없는 것이죠. 아마도 곧 연락이 끊어질 겁니다.

명심하세요. "친구와 지인은 그저 친구이고 지인일 뿐, 전문가가 아닙니다." 본인이 확인할 수 없는, 스스로 설명, 설득할 수 없는 뉴스를 믿고 투자하는 우를 범하지 말길 바랍니다.

선물투자와 레버리지 투자를 경계하라

"레버리지로 흥한 자, 레버리지로 망한다."

필자의 지론 중 하나입니다. 암호화폐 투자자 중에 '선물거래'와 '레버리지 투자'로 인해 피해를 보는 투자자들이 의외로 많아 몇 가지 주의점을 남겨볼까 합니다. 레버리지 투자는 본인이 가진 자금보다 일종의 대출 비슷한 개념으로 원금이 1천만 원인데 10배 레버리지를 가능케 해준다면 1억 원을 투자하는 것을 말합니다.

대부분 잘 알지만, 혹시라도 선물이 영어로 'gift 또는 present'가 아니라 'futures'라는 것, 한자로 先物이라는 것을 모른다면 꼭 읽어봐야 할 것 같습니다. '선물'투자에 대한 간단한 개념 정리부터 한 다음 본론으로 넘어가겠습니다.

'선물'거래란 미래의 어떤 시점에 이르렀을 때 미리 정한 가격으로 매매하겠다는 것을 현재 시점에서 미리 약정하는 거래를 말합니다. 선물의 가치는 현물시장에서 운영되는 기초자산(채권, 외환, 주식 등)의 가격 변동에 따라 파생적으로 결정되기 때문에 일종의 투자 파생상품derivatives입니다. 스왑, 옵션, 선물이 바로 대표적인 파생상품입니다.

대한민국 기획재정부는 "미리 정한 가격으로 매매를 약속한 것이기 때문에 가격 변동 위험을 피할 수 있다"라고 정의하지만, 금융권 농담 중에 "원수가 있다면 파생상품을 권하라"라는 말이 있을 정도로 매우 위험하다는 뜻입니다. 왜 그럴까요?

우선 그 누구도 알 수 없는 미래의 가치를 사고파는 특성, 즉 미래에 가격이 변동할 가능성을 거래한다는 것 자체만으로도 '위험성'과 '도박성'을 내포하고 있습니다. 게다가 식당 예약처럼 현재가 아닌 미래(만기일)에 거래가 이루어지는 것으로 현재의 투자금이 향후 거래에 필요한 금액보다 부족하더라도 일단 '증거금'으로 거래는 성립됩니다.

또한 '선물'거래는 현물거래보다 더 큰 규모로 거래되며, 현물거래보다 훨씬 높은 레버리지가 제공됩니다. 높은 레버리지 비율과 다양한 투자상품과 기능 등이 존재하기 때문에 자본금이 부족한 투자자들이 한방을 기대하면서 혹하게 되는 것입니다. 가진 돈에 비해서 투자금을 몇 배가 가능하게 만들어 주기 때문에 도박 같은 위험성이 도사리고 있는 것입니다.

'튤립 버블' 사건이 대표적인 선물거래이며, 〈오징어 게임〉의 등장인물 성기훈(이정재)'의 친구 조상우(박해수)가 60억 원의 빚을 지게 된 것도 바로 '선물투자' 때문이었습니다. '쌍문동의 자랑, 서울대 천재 조상우'는 기쁨증권 투자 2팀장으로서 승승장구하다가 결국 고객의 돈까지 유용하게 되고, 결과는 잘 아시는 것처럼 빈털터리가 되어 오징어 게임에 참여하게 됩니다. 아마 조 팀장도 이 레버리지를 이용했을 것으로 추정이 됩니다.

지난 2022년 11월, 세계에서 세 번째로 큰 암호화폐거래소 'FTX'가 파산했습니다. 암호화폐 최대 규모의 금융사기로서 제2의 엔론 사태, 암호화폐 판 리먼브러더스 사태로 불렸습니다. FTX 토큰의 가격은 서너 시간 만에 25달러에서 2달러까지 떨어지는 등 암호화폐 시장 전체를 침체에 빠뜨렸는데 비트코인은 20%p나 하락했습니다.

이 사건을 통해 배울 수 있었던 교훈이 바로 '레버리지의 위험성'입니다. FTX의 창업자인 샘 뱅크먼 프리드(Sam Bankman Fried, 92년생)는 레버리지 투자로 단기간에 엄청난 수익을 달성했습니다. 레버리지를 통해 FTX 거래소와 자회사인 '알라메다 리서치'에 상호출자를 한다거나, 160여 개의 자회사를 만드는 등 흥행 신화를 써나갔지만, 모두 모래 위의 거품이었습니다.

한편 FTX 거래소가 급성장할 수 있었던 비결은 거래소에서 투자자들의 행동을 다 들여다보고 있었기 때문이기도 합니다. 마치 내 패를 몰래 다 지켜보면서 나와 플레이하는 '타짜'하고 고스톱을 치는 느낌이라고 할까요?

보통 암호화폐 가격의 '무빙moving'이라고 하는데 FTX 거래소에서 암호화폐들이 움직이는 가격 폭이 다른 거래소보다 더 큰 범위에서 오르락내리락하는 모습을 자주 관찰할 수 있었습니다. 예를 들어 비트코인 가격이 100이라는 지점에 있다고 했을 때, 110에서 90 사이에 베팅하는 투자자들이 많다고 가정해 보겠습니다. 이런 통상적인 범위라는 것이 존재하는 것과 달리 FTX 거래소는 130에서 70 사이로 가격 변동 폭을 넓혀서 110~90 사이의 투자자들이 강제 매도되고 원금을 모두 잃어버리도록 매정한 작업을 자주 진행했던 것으로 필자는 판단하고 있습니다.

'바이낸스' 거래소 같은 곳은 거래량의 움직임이 안정적이라서 참고할만한 '차트'가 되지만, FTX 거래소는 '아웃라이어(Outlier: 이상치)'가 너무 많이 보여서 필자는 계정조차 만들지 않았고 FTX 차트는 주요 지표로 참고하지 않았습니다. 투자자들의 패를 읽고 역으로 이용하는 비열한 꼼수를 통해 급성장했지만 결국 마무리는 한 편의 동화처럼 권선징악으로 마무리되었습니다. 바이낸스의 지원을 받으며 다양한 '파생상품'으로 무장했던 FTX의 파산은 경영진의 부도덕과 'FTX 토큰'을 주요 담보로 삼아 투자의 재투자를 하면서 낳은 재앙으로 결론이 났지만, 사실은 레버리지가 초래한 결과이기도 합니다.

도대체 '레버리지'가 뭐길래 이렇게 거듭 강조하는 것일까요? '레버리지 효과'는 단어의 뜻처럼 타인의 자본을 지렛대처럼 이용하여 '자기자본의 이익률'을 높이는 것을 말합니다. 자신의 자본보다

키웨스트의 디지털 자산 투자

더 많은 돈을 사용하여 '암호화폐'를 거래할 수 있다는 뜻입니다.

암호화폐 시장에서는 보통 x5, x10, x25 등의 비율이 제공되는 경우가 있는데 간단히 말해 x5라면 투자자가 투자하는 자기자본금의 5배를 거래소가 제공한다는 뜻입니다. 1:5의 비율로 투자금을 마치 빌려주듯이 제공하는 것입니다. 자기자본은 투자금이 아니라 '증거금'이 됩니다. 암호화폐 매수에 사용되는 것이 아니라 향후 '청산'에 대한 '보증금'으로 활용되는 방식입니다.

예를 들어 '증거금' 1천만 원, 5배 레버리지로 가격 상승에 베팅했다고 가정해 봅시다. 만일 투자한 종목이 50%p 상승하면 1천만 원의 50%인 5백만 원이 아닌 5배에 해당하는 투자금 5천만 원의 50%인 2,500만 원 수익을 낼 수 있습니다. 하지만 반대로 20%p 하락하게 되면 5천만 원의 1천만 원이 손실금이 되므로 내 원금 1천만 원이 증발하게 되고 내 계좌는 깡통 계좌로 청산이 이루어집니다. 단 1분 정도라도 투자 종목이 20%p 하락하게 되면 증거금 1천만 원 전액을 잃게 되는 마진콜margin call에 직면하게 됩니다. 만약에 증거금 1천만 원을 잃지 않고 지키려면 '증거금'을 더 입금해야 강제로 매도가 되는 마진콜을 피할 수 있습니다. 만약에 20%p 보다 더 하락하여 30%p까지 하락하게 된다면 계속해서 증거금을 입금해야 하는데 개미들은 버티기 힘들어지게 되고 결국 모든 것을 포기하고 맙니다.

또한 레버리지 비율에 따라 다르지만, 일정액의 '수수료'를 거래소에 납부해야 합니다. 거래소로서는 투자자들이 큰 금액을 거래할 수 있도록 '레버리지'를 잘 제공해야 더 많은 수수료를 부수입으로 챙길 수 있습니다. 마치 도박판에서 돈을 빌려줄 때 선이자를 떼는 것 비슷하게 말입니다. 그래서 선물투자 거래소들이 수많은 암호화폐 유튜버들에게 이메일로 먼저 접근하고 자금을 무료로 지원해주고, 유튜버들을 통해 가입한 사람들의 수수료 중에 50%~85% 정도까지도 제공해주기 때문에 '선물'투자를 권하는 유튜버들은 매우 조심할 필요가 있습니다. 그 유튜버들은 해당 거래소에서 투자수익률을 조작해서 얼마든지 구독자들에게 보여줄 수 있기 때문에 사람들을 '기망'하는 범죄이며 '사기'인 것입니다. 필자에게도 매일 같이 선물거래소에서 홍보해달라고 이메일이 오는데, 받은 이메일만 수백 건이 넘습니다. 필자는 절대로 이에 응할 생각이 없습니다. M모 유튜버는 이 추악한 수입으로 월 5천만 원에서 억대의 수입을 거두고 있다는 게 알려졌습니다. 특히 공중파 TV S 프로그램과 경제 TV에서 그를 조망해주고 마치 성공한 트레이더 같은 이미지를 만들어주었기에 피해자 수가 상당할 것으로 보이고 해당 유튜버의 수입은 모두 손실을 기록한 사람들의 '눈물'입니다.

다른 예를 하나 들어보겠습니다. 여기 대출 없이 1억 원을 투자한 사람이 있습니다. 투자를 잘해서 1억 원이 2억 원으로 불어났습니다. 수익을 더 내고 싶은 마음에 2억 원을 밑천 삼아 '레버리지'를 활용하고 싶어집니다. 결국 2억 원을 담보로 2억 원을 더 추가로 거래소에서 대출받거나 레버리지 선택 버튼을 눌러서 4억 원을 '투자금'으로 사용하게 됩니다. '레버리지'를 활용하는 것입니다.

정산 시점이 되었을 때 결과가 좋아서 100% 수익이 나면 8억 원을 손에 넣겠지만 인생은 늘 뜻대로만 되지 않습니다. 4억 원을 투자한 상태에서 반 토막이 나면 어떻게 될까요? 빌린 돈 2억 원을 갚고 나면 자산은 0원에 수렴하게 되고 소위 말하는 '깡통 계좌'가 되는 겁니다. 이런 일이 불과 하루도 채 되지 않는 몇 시간 만에 일어나게 되고 결국 극단적인 선택으로 이어지는 경우가 발생하는 것입니다.

이렇게 설명하면 "에이, 투자를 잘해서 실패하지 않으면 되지"라고 주장하시는 사람들이 있습니다. "두둑한 밑천을 바탕으로 많이 벌 생각을 해야지 최악의 시나리오나 쓰고 있으면 어떻게 부자가 될 수 있겠나"라고 말하면서 눈과 귀를 닫아버립니다. 그래서 레버리지가 정말 위험하다는 것입니다. 내 주머니에 들어온 이상 내 돈이라고 여기는 착각에 빠지기 쉽다는 것입니다. 그런데 아닙니다. 결국엔 갚아야 할 '타인의 자본'입니다.

앞서 여유자금 30% 정도는 '남한산성'에 잘 비축한 상태에서 투자하라고 설명한 바 있는데, 레버리지 투자는 결국 비상금마저 다 털어 넣는 꼴입니다. 위기 상황이 발생하면 대처할 수 없게 되는 것입니다. 방금 설명한 예는 다른 사람의 이야기가 아니고 필자가 과거에 주식투자를 할 때 '주식담보 투자 대출'을 받아 실패를 경험했던 내용입니다. 이러한 경험이 저를 단단하게 만들어 주긴 했지만 다시는 경험하고 싶지 않은 부끄러운 실수이기에 여러분께 각인시켜 드리기 위해 공개합니다.

보통 투자자들은 수익이 잘 나지 않거나 장이 횡보하고 있을 때, 수익금을 많이 잃고 원금이 80% 이상 날아갔을 때 선물투자의 유혹에 빠지곤 합니다. 원금도 회수하고 목돈까지 벌 수 있는 지름 길처럼 보이기 때문이고, 현물투자 수익률을 가지고는 회복이 절대 불가능할 것으로 생각하게 됩니다.

　　'내가 선물투자를 해서 하루에 1~2%씩만 수익을 내면 1달이면 30%, 1년이면 약 365% 정도 수익이 나겠지?'

　　이런 생각은 결론적으로 불가능합니다. 일단 선물투자를 하게 되면 암호화폐 같은 경우에는 24시간 들여다보고 있어야 합니다. 매일 이기는 승률 가정 자체가 말이 안 되지만 가격이 오르면 오르는 대로 내리면 내리는 대로 온종일 전전긍긍하면서 지켜봐야만 하는 것입니다. 그게 생각보다 쉽지 않다는 것이죠. 1% 벌고 2% 또 잃고 반복하게 된다는 말입니다.

　　그리고 일단 몸이 망가집니다. 그리고 돈을 벌었더라도 욕심을 버리지 못하고 다시 레버리지를 이용해서 더 큰 수익을 노리다가 결국은 마이너스로 끝나는 경우가 허다합니다. 사람의 '욕심'이 그렇습니다. '레버리지'로 흥한 사람들의 말로는 결국 대부분 좋지 않습니다.

　　필자가 추측해 보건데, 투자자 10만 명 중의 1명 정도는 선물투자로 수익을 꾸준히 내고 있다고 생각합니다. 국내 암호화폐 투자자가 830만 명 정도 된다고 하니 투자자 모두가 선물투자에 참여하고 있다고 가정했을 때 약 83명 정도가 선물투자로 수익을 내고 있을 것입니다. 그런데 선물투자자가 830만 명 전체가 아니므로 약 10% 정도만 후하게 쳐서 83만 명이 선물투자를 하고 있다고 가정한다면 8.3명 정도가 수익을 내고 있을 것이고 나머지 투자자는 대부분 원금을 모두 잃게 될 것입니다. 하버드대학에 입학하는 것보다 더 힘든 확률로 보이므로 부디 선물투자에는 절대로 발을 들여놓지 말기 바랍니다. 다시 한번 강조하지만, 일부 트레이더, 유튜버 중에 특히 선물투자를 권유하는 이들이 있습니다. '해외 특정 거래소'에 유튜버가 제공한 링크를 클릭하고 들어가서 '가입'을 유도하거나 자체적으로 투자대회를 개최해서 등위 내에 들어간 투자자에게 상금을 지급합니다. 수백, 수천%의 수익을 냈다고 주장하는데 필자의 생각에는 모두 다 '사기'입니다. 대부분 거래소와 짜고 치는 시나리오로 보입니다.

이를 '레퍼럴 마케팅Referral Marketing'이라고 하는데 제3자가 나서서 고객을 소개해주는 시스템을 뜻하는 마케팅 용어로, 신규 가상자산 거래소가 거래소 규모 확장을 위해 흔히 사용하는 기법입니다. 예를 들면 누군가 '추천인 코드'를 통해서 거래소에 가입하면 가입한 투자자들이 '거래 수수료'의 약 50%~85% 정도를 해당 유튜버에게 지급합니다. 최근에는 유튜버들에게 해외 두바이 호화 파티 등에 초대하거나 플렉스하는 모습을 보여주어 투자자들을 더 자극적으로 유도하는 모습도 발견할 수 있었습니다. 또한 몇몇 유튜버들은 '사기'혐의로 경찰과 검찰의 조사를 받고 있습니다.

토큰 증권 시대가 열리다

증권형 토큰STO이란? Security Token Offering의 약자로서, '증권형 토큰 제공'을 말합니다. 증권형 토큰은 자본시장법상의 증권 즉 주식, 채권, 부동산 등을 분산 원장 기술을 활용해 디지털화한 것을 의미합니다. 쉽게 말해 '블록체인' 기술을 기반으로 발행되는 '디지털 자산'입니다. '디지털 자산'이란? 전자적인 형태로 존재하는 가치를 나타내는 자산입니다. 디지털 자산은 기존의 물리적인 형태의 자산(부동산, 지적재산권)과는 달리 전자 네트워크나 블록체인과 같은 디지털 기술을 기반으로 존재하며 디지털 형태로 소유, 이전, 거래될 수 있습니다.

'증권형 토큰'을 소유하고 있다는 것은 해당 토큰에 연동된 자산의 소유권 보유하고 있음을 의미합니다. 예를 들어 아파트 1개 동

키웨스트의 디지털 자산 투자

에 50세대가 거주한다고 할 때 1명의 투자자가 50채를 모두 보유하지 않고 대부분 1개 동을 50개로 나눈 형태의 1채만 소유하는 것과 비슷하다고 이해하면 됩니다.

증권형 토큰은 블록체인의 분산 원장에 기록되며, 스마트 계약을 통해 프로그래밍 가능한 규칙을 가질 수 있습니다. 이는 토큰의 거래, 소유권 이전, 권리 행사 등을 자동화하고 효율적으로 수행할 수 있게 해줍니다.

증권형 토큰의 탄생 배경

증권형 토큰의 탄생 배경에 주요 요인이 있습니다. IPO(기업공개: Initial Public Offering)는 기업이 처음으로 공개적으로 주식을 발행하여 일반 투자자에게 투자자금을 조달하는 방식입니다. 반면, 주식과 다른 암호화폐는 2014년~2018년에 규제가 부재했고 자금 조달이 손쉬웠던 ICO(암호화폐 공개: Initial Coin Offering)가 활발하게 진행되었습니다. 즉, 2023년 7월 현재 시점에서 보았을 때 기존의 많은 블록체인 기업의 자금 조달 방식은 대체로 ICO였다는 의미입니다. 특히 2014년 이더리움 블록체인의 ICO 성공(당시 $ 0.31 -> $ 1,638, 2023년 9월 2일 현재 5,283배 상승이지만 2017년 기준 $100 정도일 때에도 시장은 환호했다)과 가격 상승은 ICO 참여 수요의 증가를 불러일으키고, 향후 가치 상승에 대한 기대감으로 암호화폐 가격도 함께 상승하기 시작했습니다.

하지만 당시 각국의 ICO 관련 규제가 없었던 만큼 투자자들을 대상으로 피해 사례가 상당수 발생하게 되었습니다. 실제로 2018년에 진행된 ICO 프로젝트의 81%는 '스캠'으로 판명이 되었다는 보도가 있었습니다. ICO를 통해 자금 조달을 받았지만, 암호화폐 거래소에 '상장'조차 되지 못하거나 아무런 의미도 없는 조악한 거래소에 상장한 티만 내는 상황이었습니다. 그리고 아예 자금을 가지고 먹튀하는 '사기 사건'이 급증하면서 ICO 시장은 2023년까지 계속 위축되었습니다. ICO 투자 없이 탄탄한 자본을 바탕으로 한 암호화폐재단들이 바로 거래소에 직상장하는 분위기가 형성되게 된 계기가 되었습니다. 이러한 분위기 속에서 이를 보완해 법적으로 규제받는 안전한 토큰 제공을 선언하며 증권형 토큰이 등장하게 되었습니다.

이러한 배경 속에서 탄생한 증권형 토큰은 기존의 증권 발행 및 거래 방식을 혁신하고, 투자자들에게 좀 더 개방적이고 '투명한 투자 기회'를 제공하는 새로운 대안으로 떠오르게 되었습니다.

증권형 토큰의 장점

증권형 토큰은 다양한 이점을 제공합니다.

우선, 블록체인의 '분산 원장 기술'을 활용하여 거래기록이 투명하게 기록되므로 조작이 어렵습니다. 또한, 거래 과정에서 중개업자나 중앙 관리기관의 개입 없이 '직접 거래'가 이루어질 수 있으며, 이를 통해 거래비용을 절감할 수 있습니다. 증권형 토큰은 '보안성'과 '유동성'에서도 강점을 갖습니다.

블록체인의 암호화 기술을 사용하여 증권형 토큰은 안전하게 보관될 수 있고, 개인의 디지털 지갑에서 소유 및 관리할 수 있으며, 글로벌 네트워크를 통해 전 세계적으로 유동성이 있는 시장을 형성할 수 있습니다.

또한 전자적인 형태로 발행되기 때문에 전자 거래소에서 쉽게 거래될 수 있습니다. 이는 투자자들에게 다양한 자산에 대한 접근성을 제공하고 더 넓은 투자 기회를 제공합니다.

증권형 토큰의 문제점

증권형 토큰은 일부 규제와 관련된 문제가 있을 수 있습니다. 국가 및 지역에 따라 증권거래에 대한 규제가 달라서 이를 준수하여야 합니다. 또한, 블록체인 기술이 아직은 상대적으로 새로운 기술이기 때문에 보안과 프라이버시에 관련된 문제들이 제기될 수 있습니다. 주요 문제점은 다음과 같습니다

1) 규제와 법적 쟁점

증권형 토큰은 기존의 금융 규제와의 조화가 필요합니다. 현재의 법적, 규제적 환경에서는 증권형 토큰에 대한 정확한 법적 지침이 마련되어 있지 않아 이를 해결하기 위한 법적 조치가 필요합니다.

2) 투자 위험과 가격 변동성

증권형 토큰은 디지털 자산으로써 가격 변동성이 크고, 투자 위험

이 존재할 수 있습니다. 암호화폐 시장의 불안정성과 투기성 요소는 증권형 토큰의 가격에 영향을 미칠 수 있습니다. 또한, 증권형 토큰의 발행 기업의 신뢰성과 성공 가능성에 따라 투자 위험이 달라질 수 있습니다.

3) 보안과 사기 위험
증권형 토큰은 디지털 형태로 존재하기 때문에 사이버 보안과 사기 위험이 존재할 수 있습니다. 해커의 공격이나 사기 행위로 인해 토큰의 유출, 변조, 소실 등의 문제가 발생할 수 있습니다. 이에 대한 보안 조치와 안전성 확보가 중요합니다.

4) 기술적 한계
현재의 블록체인 기술은 확장성과 성능 등 몇 가지 제약 사항을 가지고 있습니다. 대규모 거래 처리, 속도, 확장성 등에 도전적인 문제가 있을 수 있습니다. 이러한 기술적 한계를 극복하기 위한 연구와 발전이 필요합니다.

국내에서 증권형 토큰 활용

'조각 투자'란? 조각 투자는 적은 금액으로도 부동산, 미술품, 음원 등 다양한 자산에 투자할 수 있는 방식으로 전체 자산을 작은 조각으로 나누어 투자하는 것을 말합니다. 이를 통해 투자자는 다양한 자산에 분산 투자를 할 수 있으며, 포트폴리오를 다각화하여 투자

리스크를 분산시킬 수 있습니다.

국내에서 조각 투자를 활용하는 주요 사업자로는 '뮤직카우', '서울옥션블루' 등이 있습니다. '뮤직카우'는 세계 최초 음악 저작권 투자 플랫폼으로 음악 저작권료에 투자할 수 있는 서비스를 제공하고 있습니다.

디지털 경제협의회 사무국장이기도 한 필자의 '뮤직카우'에 대한 의견은 다음과 같습니다.

뮤직카우는 저작권 자체를 여러 개로 소유권을 나눈 것이 아니라, '저작권료 참여 청구권'일 수밖에 없습니다. 따라서 저작권료 참여 청구권을 합친다고 하더라도 '저작권 1개 권리'도 가질 수 없습니다. 이에 비즈니스 구조가 매우 견고하지 않다고 판단하고 있으며 좋은 저작권을 굳이 남들과 나눌 이유도 없고 '수익 창출' 모델이 적절하게 설계되었는지가 의문스럽습니다. 필자가 지난 2023년 5월 26일 의원회관에서 진행된 국회의원 '윤창현' 의원실에서 개최한 '디지털 자산 특별위원회 민당정 간담회'에 참석하였습니다. 필자의 의견으로 보았을 때 아쉬운 점은 왜 사기로 생각되는 '뮤직카우'가 금융위원회나 금융감독원, 그리고 국회에서까지 증권형 토큰의 대표 사례로 언급하고, 마치 육성해야 할 우량기업처럼 대우하고 있느냐는 점입니다.

필자는 확실하게 장담합니다. 기업의 가치, 부가가치를 창출하기 위해서는 수익 풀Profit Pools을 다양하게 갖고 있어야 하며 초창기 기업은 오직 1개 만의 수익 모델을 가져가는 경우가 많은데 '뮤직카우'는 1개 수익 모델 자체가 잘못 설계되었다는 것입니다. 뮤직카우가 1년 5개월의 서비스 중단을 겪은 후 2023년 9월 19일에 '저작권료 참여 청구권(이하 저참권)'이 음악 수익증권(이하 음악 증권)으로 변경된 모습의 발행을 앞두고 있습니다.(뮤직카우는 2016년 4월 16일에 설립되었고 변경 전 이름은 '뮤지코인'이었습니다) '뮤직카우'에 대한 필자의 우려는 다음과 같습니다. 그럴싸하게 포장된 투자 상품이며 특히 20대의 경제 관념이 다소 부족한 투자자들을 타깃으로 소액의 투자금을 유치하는 그리고 '저참권' 외에 수익 기반이 적어서 의미 있는 수익을 올리기 힘든 상품이 될 것으로 생각합니다. 필자가 미래에 대한 예측을 잘하는 편인데 '뮤직카우'는 분명히 추후 문제가 발생할 가능성이 높다고 생각하는바, 필자의 우려가 현실이 되지 않기를 바랍니다. 2022년 4월 27일 금융감독원 전자공시시스템의 '뮤직카우' 감사보고서에 따르면 2021년 광고선전비로 174억 7천만 원을 집행했는데 동기간 매출액은 133억 5천만 원, 광고비가 전체 매출의 130%를 웃돌고 있습니다. 영업손실은 102억 3천만 원으로 2020년 53억 7천만 원에서 2배 가까이 증가했습니다. '뮤직카우'에 묻고 싶습니다. '저참권'이 그렇게 유망하고 좋은 상품이라면 광고선전비를 굳이 사용하지 말고 174억 원을 저작권 확보에 사용해야 정상적인 경영이 아닐까요? '뮤직카우'에 대한 투자 판단은 독자분들께 맡기겠습니다.

한편 서울옥션블루의 '소투'는 미술품 조각 투자 플랫폼으로 작품을 분할 한 다음 공동 구매에 참여한 만큼의 지분을 상품 소유로

증명하는 서비스입니다.

국내 증권형 토큰 가이드라인

금융위원회는 지난 1월 '금융규제혁신회의'에서 STO의 제도권 편입 원칙을 발표했습니다. 이어서 2월 '토큰 증권 발행·유통 규율체계 정비방안'을 통해 자본시장법 규율 내에서 STO를 허용하겠다는 세부 가이드라인을 제시하였습니다. 이 가이드라인에 따라 증권형 토큰, 증권화된 토큰으로 불리는 STO는 '토큰 증권'으로 정의를 내렸습니다. 정비방안에서 '금융위원회'는 토큰 증권을 분산 원장 기술을 기반으로 디지털화된 자본시장법상 증권으로 정의하고 있습니다.

따라서, '토큰 증권'은 '디지털 자산' 형태로 발행되었을 뿐 증권이므로, 당연히 자본시장법의 규제규율 대상입니다. 반면, 증권이 아닌 디지털 자산은 자본시장법상 증권 규제가 적용되지 않고 국회에서 입법이 추진되고 있는 '디지털 자산 기본법'에 따라 규율체계가 마련될 것입니다.

초기 가상 디지털 자산의 급격한 성장에 부합하는 법적인 규제가 없었기 때문에 이에 따른 다양한 문제점이 발생하고 있는 가운데 투자자의 보호를 강화하고 시장 안정성을 확보하기 위한 요구가 늘어났습니다. 증권형 토큰은 금융 시장에서의 혁신적인 변화를 가져올 수 있는 기술이기도 합니다. 혁신적인 투자라고 볼 수 있는 이유를 설명하겠습니다. 증권형 토큰이 도입되면 100억의 가치를 갖는 빌딩이 있다고 가정했을 때 100개로 쪼개서 투자가 가능해지기에 상대적으로 소액을 가지고도 투자가 가능해지고 훨씬 유연하게 시장의 자금이 순환될 수 있기 때문입니다.

그리고 현재의 다소 불투명한 부동산 거래에서 블록체인에 거래기록이 남기 때문에 훨씬 투명한 부동산 시장이 형성될 수 있습니다. 그러나 '증권형 토큰'이나 '토큰 증권'은 아직 규제가 정립되는 단계이며 정확한 이해와 전문적인 조언이 필요합니다. 따라서 증권형 토큰에 관심이 있다면 먼저 학습, 이해하고 투자하기 전에 해당 규제 및 법률에 대한 숙지가 매우 중요하겠습니다. 아울러 변화하는 증권형 토큰에 관한 규제 내용 발표에도 눈과 귀를 기울여야 합니다.

FTX, LUNA 사태에 대처하는 자세

FTX 파산에 따른 피해 채권자 수는 전 세계에서 100만 명 이상으로 추산되며, FTX 토큰 'FTT' 폭락의 시작은 한국시간 2022년 11월 7일 새벽 1시경부터 시작되었습니다. 다행히 FTX는 국내에서 라이선스를 발급받지 못해 영업하는 거래소가 아니었지만, 세계적으로 손꼽히는 거래소(2~3위권)였고 2022년 10월 27~29일에 필자가 직접 참석했던 BWB 2022(Blockchain Week in Busan, 2022) 행사에서는 FTX 사태가 발생하기 불과 열흘 전, 부산광역시와 FTX 거래소가 협약을 맺는 촌극이 펼쳐지기도 했습니다.

당시 필자는 의문을 가지고 바라보았는데 그 이유는 1) FTX는 선물이 중심인 거래소인데 '마진 거래'를 금지하는 한국에서 거래소를 오픈하려고 하는 점 2) 금융위원회를 정공법으로 뚫는 것

Korea Blockchain week (2022년 8월)　　　BWB 블록체인 위크 부산(2022년 10월)

이 아닌 우회 루트로써 서울이 아닌 부산과 손을 잡는 모습. 물론 MOU(양해 각서) 정도 맺는 수준이었습니다. 3) 샘 뱅크먼 프리드는 직접 참석하지도 않았고 영상으로 참석을 무례하게 대신하였다는 점, 이렇게 크게 3가지 정도였습니다. 위의 3가지 이유로 필자는 비즈니스적으로 매우 이상한 상황으로 빠르게 판단하였습니다. 아울러 필자가 '현장 중심'의 생각을 중요하게 여기고, 직접 현장에 가서 필자의 '발'과 '눈'으로 파악하는 이유이기도 합니다. 기자들이 뉴스에 보도한 내용민 참고하여 세상을 바라보고 판단한다면 '오판'할 가능성이 매우 커질 수 있으며 평생 뉴스에만 의존하는 수준에 머물게 됩니다. 즉, 내 '눈'으로 직접 확인하는 일이 고되고 힘들고 비

키웨스트의 디지털 자산 투자

용도 많이 들지만 이런 경험이 쌓이면 누구도 대적할 수 없는 '진짜 전문가'로 성장할 수 있습니다. 그 누구도 블록체인 위크 부산의 참석자 수를 보도하지 않았지만, 필자는 정확하게 알고 있습니다. 다만, 부산시의 체면을 고려하여 언급하지는 않겠습니다.

그리고 해외투자자 중에서 FTX 거래소에 접속한 건수는 Earthweb 기준 대한민국 6.21%, 싱가포르 5.26%, 독일 4.2% 순으로 알려졌고, similarweb 기준으로는 일본 7.01%, 대한민국 6.01%, 독일 5.38% 순으로 나타났습니다. 한국에서는 금지된 '선물'거래를 위해 접속한 투자자들이 대부분일 것으로 추정됩니다. 2022년 12월 13일 보도된 "FTX 국내 피해액 4.5조 원대, 평균 피해 금액이 7,500만 원, 업비트를 통한 입출금 사례 가장 많아" 블록미디어 최동녘 기자의 기사에서 국내 FTX 이용자는 홈페이지와 앱 트래픽으로부터 약 6만 명 정도인 것으로 추산되고 있습니다.

FTX 거래소 입출금에 활용된 플랫폼은 국내거래소 업비트가 63.9%로 가장 높은 비중을 보였습니다. 해외 거래소(바이낸스 등)는 22.7%, 개인 지갑(메타마스크 등)은 6.2%, 국내 거래소 빗썸이 5.0%로 뒤를 이었습니다. 아마 투자자들 대부분이 FTX가 파산하면서 돈을 되돌려 받지 못할 것으로 판단하고 있습니다. 특히 국내거래소가 아니고 외국 거래소이기 때문에 전화 연결조차 되지 않으며(외국 거래소는 전화 통화 할 수 있는 방법 자체가 거의 없음), 이메일 정도나 챗봇과 채팅을 통해 클레임을 접수해야 하는데 그 수많은 클레임 건에 대해서 FTX는 답변조차 하지 못할 것입니다. 이는 필자가 전 직장 이니스프리에서 '고객 서비스팀' 총책임자로 대고객서비스를 지휘, 총괄했던 2년간의 경험이 있기에 확실하게 말씀드릴 수 있습니다. 1명당 하루에 처리할 수 있는 건수가 최대 50건 정도 되는데 FTX 거래소가 과연 얼마나 많은 고객서비스 상담 인원을 고용하고 있었을까요?

또한 FTX의 토큰인 'FTT'는 국내 3개 거래소(코인원, 코빗, 고팍스)에 상장된 상태였습니다. 직접적으로 FTX에 투자하고 있는 국내 투자자는 6만 명 정도로 추산되었지만, '채권자'가 아닌 '단순 투자자'였기 때문에 '한국 투자자'들은 거의 보상을 받지 못하고 있는 것으로 알려져 있습니다. FTX 거래소에 투자한 것이 아니라 'FTT 토큰'에 투자했기 때문입니다. 평소에 필자는 '해외 거래소' 이용은 추천하지 않는 편이고, 필자가 본 '해외 거래소' 이용자 중에 돈을 제대로 번 사람을 본 적이 없습니다. 차라리 국내거래소 1곳에 집중하여 거래하는 편이 낫다고 평소에 가르치고 있습니다. 그 이유 중 하나는 문제가 발생하거나, 돈을 회수하지 못하는 상황이 발생했을 때 내가 취할 수 있는 조치가 거의 전무하기 때문에 리스크가 매우 크다고 판단했습니다. 또한 영어도 제대로 못 하시면서 '해외 거래소'를 이용하는 사람 중에서 필자에게 연락하여 도와달라고 하는 경우를 많이 보아왔고, 여러분에게 대가 없이 도움을 드렸습니다.

필자는 평소에 선물투자 금지, FTX 거래소 투자는 당연히 금지하는 의견을 지속적으로 내왔기 때문에 필자에게 배우며 투자하는 멤버십 회원들에게 직접적인 피해는 없었습니다. 다만 비트코인이 급락하면서 키웨스트 멤버십 회원들에게도 어떻게 해야 할지 알려드려야 했었는데 '루나 사태' 때처럼 속보 형식으로 새벽 1시 긴급 방송을 통해 현재 보유한 암호화폐 올 매도를 권고했습니다. FTX 사태는 밤 11시경에 시작되었는데 정보가 거의 없는 상황 속에서도 해외 각종 자료를 빠르게 수집하여 새벽 1시에 방송으로까지 알렸습니다. 이러한 사실은 아마 전 세계에서 가장 빠르고 정확하게 대응한 사람은 필자밖에 없었을 것으로 생각합니다. 대부분은 사태 발생 후 12시간이 지난 오전 11시 정도에야 제대로 된 뉴스를 접했을 것으로 생각하고, 자산피해도 심각했을 것입니다. 당시 비트코인 가격은 20%p 폭락에 알트코인은 50%p 가까이 폭락하였는데 키웨스트 멤버십 회원들은 10%p 정도로 손절을 실시하였습니다.

FTX 사태로부터 정확히 일주일 전에 유료 멤버십 회원으로 가입한 어떤 투자자는 필자의 조언 덕분에 4억 원 정도 세이브할 수 있었습니다. 필자에게 "지금 바로 모두 매도해야 하느냐?"라고 물었습니다. 그래서 "뒤도 돌아보지 말고 모두 매도하라!"고 말했습니다. 필자가 정확한 판단을 내리고 정보를 제공한 덕분이기도 하지만, 믿고 따라준 그분의 복이기도 합니다. 그리고 밤에 잠든 사람들도 있었기에 필자는 밤을 지새우면서 아침 7시까지도 계속 연락을 보내고 매도를 추천했습니다. 그래서 다행히 필자와 함께 투자 공부하는 투자자들은 큰 피해가 없었습니다. 투자자 모임 카톡방에서 실시간으로 전투에 임하듯이 설명하고 알려 드리기에 매우 다행이었고 투자자분들의 자산을 지켜드렸다는 생각에 보람을 느끼고 있습니다.

암호화폐 투자는 24시간 쉬지 않고 돌아가면서 상승과 하락을 지속하기 때문에 정말 어려운 투자시장입니다. 미래에 대한 의견을 정확하게 내지 못하고, "오를 수도 있고 내릴 수도 있다"라고 전망하는 사람들을 전문가라고 칭할 수는 없을 것입니다. 그리고 사건이 벌어지기 전에 아니면 아주 빠르게 대응을 할 수 있어야지 사건이 다 터지고 나서 나중에 해설하는 일은 전문가가 아니어도 할 수 있습니다.

필자는 다소 쑥스럽지만 자부할 수 있습니다. 전 세계를 통틀어서 '암호화폐 투자'에 대해서 필자보다 잘 아는 사람을 아직 보지 못했습니다. 국내 업체 조사는 물론이고 해외에 있는 재단들도 직접 출장을 가서 조사하고 만나고 분석합니다. 국내외 주요 컨퍼런스, 국회에서 개최되는 규제 관련 세미나, 블록체인 관련 다양한 행사에 참석하면서 직접 만나서 묻고 관계자들과 네트워크를 쌓아나갑

카이스트 디지털 자산 평가 기술 이전
(2021년 11월)

메타버스 핵심기술, 블록체인 기반의 기술사업화 전문 인력 양성과정 강의 (2023년 5월)

키웨스트의 디지털 자산 투자

니다. 현재는 국회의원, 법조인, 유수의 대학 교수, 블록체인 관련 기업, 언론사 기자 등 그 스펙트럼이 더 넓어지고 있습니다. 그리고 그런 다양한 네트워크를 통해 정보를 얻고, 블록체인에 대한 귀중한 의견을 듣습니다. 이것이 고급정보를 취득할 수 있는 채널을 다변화시키는 방법입니다. 고급정보들을 취합해서 필자의 정보와 함께 크로스 체크를 하면, 정확한 판단을 통해 미래를 예측하고 시장에 빠르게 대응할 수 있습니다.

투자에서 중요한 일은 '차트'만 분석하는 게 아닙니다. 기업이나 투자 종목 자체의 '펀더멘탈'이 중요합니다. 회사의 대표가 누구인지, 과거에 어떤 일을 했는지, 현재 직원은 몇이나 되는지, 회사가 어떤 비즈니스를 펼치고 있는지 등을 면밀하게 분석해야 향후 예측이 가능해집니다.

10명 중에서 9명이 울면서 떠나는 냉정하고 무서운 시장입니다. 에누리도 없고, 초보라고 봐주는 것도 없습니다. 울고 싶지 않으면 눈을 뜨고 공부해야 하고, 믿을 수 있는 전문가의 말에 귀를 기울여야 합니다. 제가 무섭게 표현하는 이유는 본인의 투자역량이 감당할 수준이 안된다면 아예 투자하지 말라고 경고하고 싶기 때문입니다. 그럼에도 불구하고 제대로 배우고 투자하고 싶다면 도움을 드릴 수 있습니다.

카지노에서 과연 승리할 수 있을까?

2023년, 디즈니 플러스에서 최민식 주연의 드라마 〈카지노〉가 인기 끌었습니다. 실제 카지노에서 인기 종목으로 통하는 카드 게임 '바카라baccarat 또는 baccara'에 관한 이야기를 좀 해볼까 합니다.

게임 방법은 다음과 같습니다. 2장의 카드를 더한 수의 끝자리가 9에 가까운 쪽이 이기는 게임입니다. 우리는 '플레이어player 혹은 '뱅커banker'에게 배팅을 할 수 있습니다. 큰 틀에서 보면 이길 확률이 50:50처럼 보입니다. 차이점은 '플레이어'로 이길 경우는 '2배'를, '뱅커'로 이길 경우는 '수수료 5%'를 제하고 '1.95배'를 받는다는 점입니다. 또 하나 특이한 점은 일부 카지노의 경우 뱅커 수수료가 없는 대신 뱅커가 '6'이라는 숫자로 이기게 되면 수수료를 '50%' 차감하기도 합니다. 1.5배만 배당하는 것이죠.

바카라 얘기를 꺼낸 것은 '독립 확률'과 '조건부 확률'이라는 통계 용어를 말씀드리기 위함입니다. '조건부 확률'은 예를 들어 1~10번까지 카드가 있다고 했을 때, "먼저 뽑은 카드가 1번이라면 1번을 제외하고 2번부터 10번 사이의 카드를 뽑아야 합니다. 이 경우 1번 카드를 뽑은 '앞의 행위'가 이제 1번은 제외하고 뽑아야 하는 '뒤의 행위'에 영향을 끼치므로 조건부입니다. 한편 '독립 확률'은 주사위 게임이나 동전 던지기를 생각하시면 됩니다. 우리가 주사위를 한 개를 던지든 두 개를 던지든 던질 때마다 동일한 확률이 일어납니다. 먼저 던진 주사위가 그다음 주사위에 영향을 주지는 않는 것이죠. 독립적인 행위로서 서로에게 영향을 주지 않습니다. 주사위를 던져 6이 나왔는데 또 던졌을 때 6이 나올 확률은 언제나 1/6입니다. 로또 번호 역시 지난주의 추첨 결과가 이번 주의 추첨에 아무런 영향을 끼치지 않습니다. 2주 연속 같은 숫자가 나와도 특별할 게 없으니 무슨 패턴 같은 것이 있는지 연구해봐야 소용없다는 의미입니다.

'바카라 게임'이 한판 한판을 별도로 떼어 놓고 보자면 바로 '독립 확률'에 해당합니다. 판을 거듭해도 앞의 게임이 뒤의 게임에 영향을 끼치지 않습니다. 사실은 그래서 어떤 노력이나 수를 써서 이기기가 매우 힘든 게임인 것입니다. 그래서 결국은 판을 거듭할수록 카지노가 돈을 벌게 되어 있습니다. '수수료'도 공제하고, '6'으로 이기는 경우들이 있어 내가 한번 이길 때 50%나 수수료를 떼어 가기 때문입니다. 질 때는 100% 손실이 나가게 되니까요. 요약하면 소위 돈을 딸 때는 뭔가 떼어서 덜 따게 되는데 잃을 때는 확실히 더, 그리고 다 잃기 때문에 이런 게임이 반복되면 포커 참여자가 카지노를 절대로 이길 수 없습니다.

오직 돈을 따는 유일한 방법은 1시간 정도 플레이했는데 돈을 따고 있다! 그러면 바로 카지노에서 나오고 다시는 가지 않는 방법 외에는 없습니다. 그리고 카지노에서는 돈을 계속 따는 플레이어가 있으면 CCTV를 통해서 체크하고 그 플레이어가 편법을 저질렀으면 경찰서에 넘기고 편법이 없었다면 적당히 돈을 주어서 내보냅니다. 이런 일은 라스베가스에서 실제로 발생하는 일입니다.(케빈 스페이시 주연의 영화 '21'을 투자라면 반드시 보실 것을 권합니다.)

　필자가 전달하고자 하는 '핵심'은 다음과 같습니다. 홀짝 게임과 비슷하니 운이 좋으면 10번 연속으로 이길 수도 있겠습니다만 거의 불가능한 일이고 '1백만 원'이 '2백만 원'이 되고, 다시 '4백만 원', '8백만 원'이 될 수도 있습니다. 특히 '초심자의 행운'이라고 해서 잘 모르고 덤볐을 때 이상하게도 돈을 따는 경우가 있습니다. 그렇다고 해서 혹시 도박에 소질이 있다고 판단하면 곤란합니다. 10번 연속 딸 수도 있겠지만 당연히 그 반대의 경우도 존재합니다.

　그래도 '카지노'를 상대로 이겨보겠다며 다음과 같은 '베팅'을 하는 사람들도 있습니다. 승률이 50%이고 배당이 2배인 바카라의 특성을 이용한 방법인데 구체적으로는 이렇습니다. 투자자가 100을 잃었을 때 이를 회수하려면 다음 판에 200을 투자해서 이겨야 합니다. 400을 받게 되니 원금을 제하고 100을 벌게 되기 때문입니다. 두 번째 판의 200마저 또 잃었다면 2배수인 400을 배팅해서 이겨야 합니다. 즉, 첫 판의 판돈에 해당하는 금액이 최종 수익으로 남게 되는 것인데 이 방식을 '마틴게일martingale 베팅법'이라고 합니다. 수학적으로는 논리가 맞습니다. 하지만 현실적으로 그렇지 않습니다.

　1, 2, 4, 8, 16, 32, 64, 128, 256, 512, 1028, 2056, 4112의 배수로 돈을 넣어야 하는데 그러기 위해서는 자본금이 엄청나게 많아야 하고, 이길 때까지 계속할 수 있는 시간도 많아야 합니다. 그리고 결정적으로 카지노는 이런 방식을 허용하지 않습니다. 배팅이 가능한 한도를 정해놓고 있어서 무한대로 배수 배팅을 할 수 없는 것입니다. 카지노

가 이런 방식을 허용하지 않는 이유는 '자본금'이 상당한 투자자가 이런 방식으로 계속해서 돈을 따가는 일이 발생한다면 '카지노' 입장에서는 매우 손해이고 망할 수도 있기 때문입니다.

　다시 한번 강조하면 카지노는 절대 돈을 잃지 않습니다. 카지노에 유리하게 통계적으로 이미 설계되어 있지만 이를 카지노에 온 플레이어에게 제대로 알리지 않습니다. 온라인 카지노 게임은 더 위험합니다. 상대가 누군지도 모르고 서버나 프로그램은 얼마든지 조작할 수 있기 때문입니다. 오프라인 카지노의 파친코 기계조차 승률을 간단하게 조작할 수 있는데 온라인 포커, 카지노 같은 곳은 굳이 더 설명하지 않겠습니다. 그냥 무조건 지게 됩니다. 아마도 처음에 온라인 카지노에서 플레이어에게 조금씩 잃어주다가 나중에 큰돈을 가져오면 그때 온라인 카지노에서 플레이어의 돈을 모두 회수할 것입니다. 사람의 심리를 이용하여 교묘하게 프로그래밍 되어 있을 것입니다.

5장

전략적으로 사고하라

비트코인과 넷플릭스가
한국 기업이었다면?

만약 '비트코인'과 '넷플릭스'가 한국 기업이었다면 지금처럼 성공할 수 있었을까요? 틀림없이 아니었을 겁니다. 넷플릭스가 한국 기업이었다면 〈오징어 게임〉 같은 작품에 흥행 여부와 상관없이 256억 원의 제작비를 투자하지는 않았을 겁니다. 금액의 많고 적음이 아닙니다. 제작, 연출, 스토리에 간섭하지 않고 과연 믿고 맡겼을까 하는 것입니다.

지난 2021년 한국방송공사KBS 국정감사에서 박성중 의원은 양승동 KBS 사장에게 "작품은 우리가 만드는데 돈은 넷플릭스가 가져가는 것은 문제가 있다. 왜 KBS는 그런 콘텐츠를 생산하지 못하느냐"고 물었습니다. 업계 현실을 고려하지 않은 질문이었지 않나

Kevin Ang, 폴리곤 아시아 총괄책임자
(2023년 9월 UDC)

알고랜드 Ryan Fox 개발촉진총괄책임자
(2023년 9월 UDC)

생각합니다.

KBS는 현실적으로 〈오징어 게임〉 같은 시리즈를 만들기 어렵다고 봅니다. 공영방송이라 자극적인 수위의 콘텐츠를 만들 수도 없지만, 관련 당국이나 투자자들에게 문제가 있기 때문입니다. 문화산업에 대한 이해 부족, 제작에 대한 지나친 개입, 불필요한 멜로 추가 요구, 스토리의 흐름을 방해하는 과도한 PPL 광고, 폭력과 선정성에 대한 규제 등 현실감 없이 창의력만 제한하기 때문입니다.

'비트코인'도 마찬가지입니다. 대한민국에서 시작한 비즈니스 모델이었다면 아마도 '바다 이야기' 같은 사행성 사기 행위로 취급받다가 금방 사라졌을 확률이 높습니다. 우리나라 위정자 중에 세계화 시대의 흐름을 제대로 분석하는 사람들이 없기 때문입니다. 바로 글로벌한 전략적 사고가 부족한 것입니다.

24시간 가동하며, 상호 간 시세를 추적하고 연동시키며, 글로벌 투자자들 모두가 나름 공정한 룰을 통해 선의의 경쟁을 벌이는 거래 시스템은 암호화폐 외에는 보지 못했습니다. 어떻게 보면 이런

키웨스트의 디지털 자산 투자

감시체계는 이제껏 존재하지 않았고, 현존하는 투자 시스템 중 유일무이하다는 생각입니다. '탈중앙화'를 표방하면서 등장한 '비트코인'은 아직 그 가치를 잘 지키고 있습니다. 즉, 특정 국가나 단체가 좌지우지하기 힘든 상황이라는 것입니다.

하지만 안타깝게도 규제 일변도로 진행되고 있는 국내에서는 〈오징어 게임〉 같은 혁신적이고 선풍적인 암호화폐가 탄생하기란 쉽지 않을 것입니다. 판을 뒤집기 위해서는 먼저 입법을 제대로 추진하고, 관련 기업들의 투자환경 조성과 옥석을 가리는 철저한 감독이 필요합니다. 그렇지만 글로벌 흐름에 발을 맞추어 기존 금융권의 암호화폐 관련 ETF 펀드 판매나 커스터디(Custody : 수탁, 보관) 서비스가 시작될 날도 멀지 않았다고 생각합니다.

현명한 투자는 지금보다 나은 부가가치^{value}를 창출하거나, 희소성^{scarcity}을 갖는 재화에 투자하여 수익을 내는 것입니다. 이길 확률이 높은 게임을 해야 합니다. 머지않아 비트코인의 가격은 8만 4,000달러(약 1억 원)에 도달할 것이며, 이 가격을 한 번이라도 돌파한다면 다음 목표치는 16만 8,000달러(약 2억 원)가 될 것입니다. 이런 예측에 대한 답은 위에서 언급한 두 가지에 있습니다. '부가가치'와 '희소성'이 그것입니다. 2024년에는 '비트코인 반감기'가 한 번 더 도래할 것이기에 우리는 전략적으로 사고하고 투자해야 합니다.

해외 유수 투자회사들은 비트코인을 중심으로 한 주요 암호화폐 투자를 확대하고 있습니다. 이미 각종 암호화폐 관련하여 아직은 '현물'이 아닌 '선물' 관련 상장지수펀드, 즉 ETF$^{Exchange\ Traded\ Fund}$

가 출시되어 있습니다. 향후 지수 외에 '현물'을 기준으로 한 다양한 ETF가 출시될 것으로 전망하며, 그 중심에는 블랙록^{Blackrock}이 드디어 움직이기 시작했다는 점이 매우 고무적인 사실입니다. 아마도 일반 투자자분들은 블랙록이 참여를 눈에 띄게 본격화하기 시작했다는 의미를 잘 모르실 것입니다. 비트코인 관련 '파생상품' 시장은 아직 시작조차 하지 않은 단계이기 때문에 미국의 금융사들은 역사적으로 그래왔던 것처럼 그들만의 주무기인 금융 기법을 기반으로 무수한 '파생상품'을 만들어 낼 것입니다. 그리고 기존 주식시장을 위협하는 단계로 나아갈 것입니다.

다만 알트코인들은 실제적인 가치를 누가 만들어 내느냐에 따라 생사가 결정될 가능성이 큽니다. 앞으로는 신규 상장되는 가지 수는 감소하게 될 것이며, 가격도 시장에서 철저하고 냉정하게 평가받는 시간이 찾아올 것입니다. 일을 잘하는 알트코인은 계속 비트코인을 따라서, 혹은 그 이상까지 상승할 수 있겠지만 그렇지 못하면 시장에서 퇴출당할 것입니다. 믿을 수 있는 정보를 통해 옥석을 가려 투자해야 합니다.

전략적 사고란 무엇인가?

필자가 존경하는 인물 중에 마이클 포터 교수가 있습니다. 하버드 경영대학원 교수로서 피터 드러커, 톰 피터스와 함께 현대 경영학의 3대 대가로 평가받는 인물입니다. '경쟁력' 관련 저서도 여러 권 집필하셨고 '전략이란 무엇인가?'에 대해서도 아주 간결하게 다음과 같이 정의를 내린 바 있습니다.

"전략이라는 것은 무엇을 할지 결정하는 것이 아니라 무엇을 하지 말아야 할지 결정하는 것이다."

'전략strategy'이라는 개념은 선쟁에서 나온 것입니다. 전략의 어원이 '장군'이라는 뜻을 가진 그리스어 스트라테고스stratēgos입니다. 그래서 전략을 공부할 때 '전쟁사'에 관한 공부를 병행하면 많은 도움이 됩니다. 전략의 본질은 비슷하고 역사는 수없이 반복되며 인간은 실수를 반복하기 때문에 이를 미리 알아두면 타인보다 전략적 우위에 설 수 있기 때문에 그렇습니다. 제2차 세계대전에서의 영국의 방어전략, 소련의 스탈린그라드 공방전, 6.25 전쟁, 제4차 중동전쟁, 프랑스-베트남 전쟁, 미국-베트남 전쟁 등 전쟁에서 가져올 수 있는 '인사이트'는 너무도 많습니다. (《전략의 본질》, 노나카 이쿠지로 외 다수 집필 도서 일독을 권합니다)

다시 본론으로 돌아와서 마이클 포터 교수의 전략에 대한 정의를 "더 나은 삶, 성공하기 위해서 우리는 어떤 전략을 수립해야 하는가"로 바꿔서 자문할 수도 있을 것입니다. 직장인의 업무 처리를 예로 들어서 설명해보겠습니다.

여기 엄청나게 많은 일을 하는 직장인이 있습니다. 뭔지 모르지만 늘 바쁘게 일을 하는 것처럼 보이죠. 1년 정도 지난 후에 그 직장인에게 이런 질문을 던져 봅니다.

"당신이 1년간 일해왔던 업무 중에 가장 중요한 '업무'가 무엇이고, 그와 관련하여 '업적'이라고 말할 수 있는 것들이 있습니까?"

이 질문에 대하여 곧바로 명쾌하게 답변하지 못한다면 그는 아마도 이런 범주에 속하는 사람일 것입니다. '그냥 상사가 시켜서 관행적으로 일을 하는 사람' '왜 필요한 업무인지도 모른 체 수동적으로 하는 사람' '불필요한 업무이기 때문에 제외해도 되는데 그렇게 하면 또 다른 새로운 업무가 맡겨질까 방어하는 측면에서 쳇바퀴 돌듯이 그 일을 계속하는 사람' 등등. 전략적으로 사고하는 방법을 전혀 모르고 있거나 알고는 있지만 실행하지 않는 사람일 수도 있습니다. '머슴'의 마인드로 일하는 것이지 '오너'의 마인드로 일하는 것이 아닙니다. 이렇게 일해서는 타인과 차별화도 안 되고 밝은 미래가 요원하다고 생각합니다. 필자는 직장 생활을 할 때 상급자에게 이런 보고를 자주 했습니다.

"한 달에 한 번씩 정기적으로 보고하는 문서가 있는데 가만히 살펴보니 이 보고서를 읽는 상사, 그리고 일반 직원도 거의 없는 것 같습니다. 보고 받는 임원조차도 안 읽어보시는 것 같은데 그런데도 제가 굳이 이 업무를 계속할 필요가 있을까요?"

이렇게 보고하면 상사가 어떻게 생각할까요? 당연히 일하기 싫으니까 핑계를 대고 있다고 생각하고 건방진 직원이라고 생각할 것입니다. 그래서 설득에도 '전략'이 중요한 것입니다.

"그냥 하지 않겠다는 뜻이 아닙니다. 일하지 않아 얻게 된 그 시간을 보다 나은 '부가가치'가 있다고 판단되는 일을 추진해보겠습니다"라고 전략적 접근으로 상급자를 설득하는 것입니다. 내 업무 리스트에서 '제외'하거나 혹은 우선순위에서 후 순위로 '조정'하려는 업무가 어떤 것인지도 잘 정해서 제안해야죠. 그리고 새롭게 추진하려고 하는 업무가 상사가 판단하기에도 충분히 부가가치가 있는 것이어야 업무추진에 대한 '승인'을 얻을 수 있을 것입니다.

그런데 이러한 전략적 사고를 왜 많은 사람이 하지 못하는 것일까요? 아마도 그 이유로는 '선택 장애' 때문일 수 있다고 생각합니다.

"내일까지 시간을 드릴 테니 현재 업무 10가지 중에서 줄일 수 있는 것 3개를 결정해 보세요. 그리고 나머지 7개 업무들의 우선순위도 정리해 가지고 오세요."

필자가 전 직장 근무 시 부하직원들에게 업무 관련하여 정리하는 훈련을 시키려고 하면 이런 반응들이 나옵니다.

"제가 하는 업무는 다 중요해서 줄이기 힘듭니다. 모두가 중요한 일입니다."

왜 이런 답변이 나오냐면 10가지 업무 중에서 몇 개를 줄이는 순간 그동안 나는 '쓸데없는 일을 해온 사람'이 되는 것처럼 느끼기 때문에 그런 것입니다. 이는 '낮은 지존감'과 '자격지심'에서 비롯됩니다. 자존감이 높은 사람은 일을 줄이는 게 크게 동요하지 않고 내가 하는 일은 항상 개선이 필요하다고 생각하는 열린 마음을 가지고 있습니다. 현재 시점에서 지나간 일은 과거의 일이고, 앞으로 잘 성장하기 위해서는 잘 버리는 훈련이 필수적으로 필요합니다. 그래야만 회사는 물론이고 나 자신도 발전할 수 있습니다. 간단히 말해 자주, 잘 버릴 줄 알아야 한다는 것입니다. 중요하지 않은 것들을 선택해서 버리고, 중요한 것들을 선택해서 집중하면서 앞으로 나아가는 것이 중요합니다. 이것이 바로 서두에 언급한 마이클 포터 교수의 가르침인 '하지 말아야 할 것'을 결정하는 전략의 개념입니다. 디자이너들도 이렇게 얘기합니다.

"좋은 디자인은 더하는 것이 아니라, 털어내는 것이다."

독일 뮌헨에 있는 BMW 박물관에 "LESS IS MORE"라는 문구가 벽에 적혀 있다.

마지막으로 전략적으로 10가지 업무 중에서 중요한 것부터 우선 골라내는 방법을 설명하겠습니다. '이상형 월드컵'이라는 게임을 알고 계시지요? 예를 들면 "정우성하고 장동건 중에 누가 좋아?"라고 질문해 나가면서 한 가지씩 선택하며 다음 단계로 가는 게임입니다. 이 방식처럼 업무를 선택지에 올려놓고 비교하면서 지워나가면 전략적으로 업무의 우선순위를 정할 수 있습니다.

"1번 업무와 2번 업무 중에서 뭐가 더 중요한가? 음, 1번이네. 그렇다면 1번과 3번 중에서는 어떤 업무가 중요하지?" 사람들이 자주 잊어버리는 점 한가지가 업무의 '중요성'이 '시급성'보다 핵심적인 요소인데 반대로 생각합니다. 이 이치를 깨닫지 못하면 항상 별로 중요하지 않은 일만 하다가 마무리하게 될 겁니다.

이런 식으로 계속해서 비교하다 보면 가장 중요한 것과 가장 중요하지 않은 것들이 구분될 수 있습니다. 10가지를 동시에 놓고 구별하려고 하면 쉽지 않지만, 1:1로 대결을 붙여서 비교하면 조금이라도 차이가 나게 마련이고, 그러면 답이 보이게 되는 것입니다.

이런 '지워나가기 훈련'을 주기적으로 하는 것이 중요합니다. 그러면 선택과 집중을 할 수 있게 됩니다. 10개 중에서 3개를 지웠다면 7개에 집중할 수 있는 시간이 늘어나기 때문에 보다 효율적으로 일을 할 수 있고, 따라서 더 좋은 성과를 얻어낼 수 있는 확률도 높아지는 것입니다.

우리는 하루에도 몇 번씩 '선택'이라는 것을 해야만 하는 운명 속에 살고 있습니다. 하다못해 눈에 보이는 출근 버스를 뛰어가서 탈까, 다음 버스를 탈까 고민하는 것도. 점심으로 무엇을 먹을까 고민하는 것도 선택과 집중이 필요한 일입니다. 그런데 내가 미리 시나리오를 세워둔 사람이면 바로 고민하지 않고 행동에 옮길 수 있습니다. 그런 사람이 되길 바랍니다.

자 정리해 볼까요? 만약에 내 피 같은 돈이 투입되는, 심지어다 잃을 수도 있는 위험성이 있는 투자를 할 때는 어떻게 해야 할까요? 이미 답은 여러분들 머릿속에 있습니다. 이제 전략적인 사고를통해서 버릴 건 버리고 '선택'과 '집중'을 하기 바랍니다. 항상 10가지 일 중에서 과감하게 7가지 정도를 쳐내고 3가지 일에 집중하는방식이 인생 성공의 지름길임을 명심하시기 바랍니다.

지름길은 옳은 전략이 아니다

"지름길로 흥한 자, 지름길로 망한다." "레버리지로 흥한 자, 레버리지로 망한다"와 함께 자주 주장하는 저의 지론입니다. 일의 특성상 정말 많은 유형의 투자자들을 만나고 관찰할 수 있습니다. 그중에서 '항상 지름길을 찾고 빨리 가려고 하는 유형'에 대해 얘기해볼까 합니다.

지름길을 선호하는 투자자들은 '뭔가를 손쉽게 이루려는 성향'이 있습니다. 적당히 편법을 사용하는 것도 주저하지 않습니다. 이런 분들은 조급한 마음에 해서는 안 될 일을 선택하는 확률이 상대적으로 높습니다. 일상에서는 물론이고 투자의 세계에서는 특히 옳지 않은 전략입니다. 단기간으로 봤을 때는 남들보다 빨리 앞서 나간 것처럼 보이지만, 그래서 일견 성공한 것처럼 보이지만 의외로

키웨스트의 디지털 자산 투자

쉽게 단 한 번에 무너질 수 있습니다. 왜 그럴까요?

'스텝 바이 스텝'으로 실력과 경력을 쌓아간 사람들은 시간을 투자해서 천천히 올라갔기 때문에 위기와 맞닥뜨려도 뒤로 밀릴 때 적게 밀립니다. 그리고 늘 하던 것처럼 또다시 시작해서 천천히 올라갈 수 있습니다. 하지만 기초가 부실한 상태에서 지름길로 급하게 올라간 사람들은 위기 상황에 부닥쳤을 때 한 번에 쉽게 무너지고, 멘탈도 회복이 안 되는 상황으로 전락하기 쉽습니다. 경험이 부족하므로 대처가 어려울 정도로 내상을 크게 입는 겁니다. 심지어 마지노선 한참 더 뒤까지 밀려서 모든 것이 다 무너질 수도 있습니다.

성공하려면 어려운 과정을 경험해봐야 합니다. 나에게 주어진 '시련'은 '저주'가 아닌 신이 나에게 내려주신 엄청난 '축복'입니다. 천천히 단계를 밟아나가면서 '시련'을 극복해 나간다면 기존의 나와는 차원이 다른 사람으로 거듭나게 됩니다. 그리고 이런 시련 극복을 통해 시간과 내공이 쌓여야지만 그것이 온전한 나의 실력이 됩니다. 지름길을 선호하는 분들은 막상 좋은 기회가 주어지거나 더 큰 기회가 찾아왔을 때 내 것으로 만들지 못합니다. 그럴 '실력'과 '안목'이 부족하기 때문입니다. 지름길로 올라가면서 만났던 행운들은 실력으로 축적되지 않는 거품이었던 것이고, 내 능력이 아닌 소위 라인을 타거나, 또는 남을 음해하는 등의 방법으로 승진을 거듭했는데, 실제로 자신만의 실력으로 경쟁하는 상황으로 급변하는 경우 바닥에 떨어지는 수모를 겪게 될 수 있습니다.

투자에 지름길은 없습니다. 시간이 걸리더라도 스스로 절박하게 공부하고, 경험을 쌓고, 정도를 걷는 것만이 성공 투자로 가는 올바른 길입니다. 나의 '전략적 사고'를 '코어 근육'처럼 강화해야 합니다. 얇은 귀로 여기저기에 기웃거리고 곁가지에 몰두하면서 지름길을 통해 솔루션을 얻으려는 태도는 자신의 미래를 모래성 위에 쌓는 것과 같습니다.

여러분들이 현재 하는 일은 모두 다를 것입니다. 크게는 직장인과 사업가 2가지로 분류가 됩니다. 각자 미래의 목표는 다르겠지만 절대로 요행을 바라면 안 됩니다. '성공'이라는 고지에 남보다 먼저 도착하고 싶다고 해서 '지름길'만 찾는 일은 지양해야 합니다. 지름길을 통해 운 좋게 얻은 '우연한 성공'에 도취하면 안 됩니다. 다시 또 한 번 강조합니다. "지름길로 흥한 자 지름길로 망한다."

다양한 관점으로 분석하는 능력

관점perspectives에 관해 이야기해볼까 합니다. 1989년 중학교 3학년 때, 필자의 가치관에 지대한 영향을 끼친 도서가 한 권 있습니다. 바로 영화로도 제작되었던 《죽은 시인의 사회Dead Poets Society》입니다. 그 당시 책과 영화는 스토리가 다소 다를 수 있다는 생각에 책으로 먼저 읽고 한참 지난 후에 영화로 보았던 기억이 납니다. 책으로 보면서 영화처럼 필자가 이미지를 그렸던 것과 영화는 다소 차이가 있기는 했습니다. 오히려 책을 읽으면서 필자의 머릿속에 떠오른 이미지와 영상은 영화보다 더 풍성했던 기억이 있습니다. 존 키팅 John Keating 선생님은 학생들에게 이렇게 말합니다.

"단순히 가르침을 받는 대로 세상을 익히거나 바라보지 말고 자신이 가진 신념의 독특함을 믿어야 한다."

키팅 선생님은 획일화된 교육, 즉 정답이 한 가지로 정해져 있는 틀에 박힌 교육을 거부합니다. 심지어 시를 평가하는 방법에 대한 구절이 교재의 서문에 있음에도 그 비문학적인 내용과 방식이 쓰레기 같다며 수업 시간에 교재의 앞부분을 찢어버리도록 합니다. 키팅 선생님은 같은 사물일지라도 교실에 앉은 채로 바라보는 것, 책상에 올라가서 내려다보는 것, 그리고 바닥에 엎드려 위로 올려다보는 것, 교실의 앞 또는 뒤에서 보는 것 등 '다양한 위치'에 따라 '같은 공간'이 다르게 보인다는 '진리'를 가르치려고 노력했던 거 같습니다. 기존의 보수적인 선생님들에게는 이런 가르침이 매우 위험해 보였을 것입니다.

'현명한 투자자'는 이처럼 여러 '관점'과 본질을 꿰뚫어 볼 수 있는 '렌즈'를 갖추고 있으며 남다른 '관찰력'을 갖추기 위해 부단히 노력합니다. 만일 특정 종목이나 시장 상황을 바라볼 때 '다양한 관점'으로 바라보고 분석할 수 있는 능력, 그리고 세밀하게 바라볼 수 있는 '렌즈'를 소유하고 있다면 투자 승률이 상대적으로 훨씬 높아지지 않을까요? 관찰력을 기를 수 있는 유용한 도서인 《관찰의 힘》(얀 칩체이스 & 사이먼 슈타인하트 공저)을 소개합니다.

투자에 도움이 되는 것은 물론, 논리적 사고와 투자철학, 경제 기본 지식, 전략, 마인드셋, 통계, 그리고 실행까지 연결할 수 있는 보석과 같은 자료가 될 것이라 확신합니다.

'경제적 자유'를 얻기 위한 노력

'경제적 자유'란 무엇일까요? 내가 어떤 '소비'를 하는 데 있어서 큰 '고민'과 '망설임'을 하지 않아도 되거나, 현재 상태에서 아무 일을 하지 않아도 가족의 생계를 책임질 수 있을 정도가 되면 '경제적 자유'를 얻었다고 할 수 있을 것입니다. 그리고 금전적인 기부활동을 통해 사회에 공헌할 수 있으면 더욱 좋겠다는 생각이 듭니다.

우리는 누구나 이러한 '경제적 자유'를 꿈꾸며 살아갑니다. 그렇지만 누구나 가질 수는 없습니다. 물론, 노력 없이 '상속'으로 부를 이룬 경우는 제외합니다.

'경제적 자유'를 얻는 방법은 '본업'과 '투자'로 성공하는 방법 2가지로 나눌 수 있는데 먼저 '본업'과 관련한 '성공 방정식'을 정리해 보았습니다.

1. 작은 일을 잘하는 사람이 큰일도 잘한다

사무직의 경우 신입사원 때는 실적관리나 일상적으로 반복되는 서류작성을 담당하게 되는 경우가 많습니다. 하지만 여기서도 일하는 수준의 차이가 분명히 있습니다. '실적관리' 사례를 바탕으로 몇 가지 레벨 차이를 정리했습니다.

레벨 1: 기존 방식대로 만들고 공유한다.(크게 실수할 일이 없지만, 변화는 없다.)

레벨 2: '레벨 1'의 내용을 받아보는 상급자나 동료가 출력해서 볼 수도 있으므로 별도의 설정을 하지 않고 '인쇄' 버튼만 눌러도 보기 좋게 출력되는 단계로 만들어둔다. (레벨 1의 경우 여러 장으로 출력되거나, 보고 싶은 대로 절대 출력되지 않을 것입니다.)

레벨 3: 기존 방식을 과감하게 버리고 원점부터 다시 생각해 '포맷'도 새로 만들고 다양한 관점을 접목해 진일보한 '분석 자료'로 재탄생시킨다. 여기에 '나만의 포맷'을 만들어 간다면 누가 보더라도 자신이 만들었다는 것을 알게 되고, 직장 내에서 내 자료는 나를 다른 직원과 구별되게 만들어 주는 하나의 '탁월한 브랜드'가 된다.

레벨 4: 매일 보고하던 실적을 월, 분기, 연 단위로 만들어 많은 동료에게 도움이 되는 정기보고서로 '정례화', '고급화'를 추구한다. 단순한 '데이터' 수준이 아닌 내 생각을 정리하여 담아내고 정부 부처에서 발간한 '보고서' 수준으로 업그레이드하여 내가 하는 일의 가치를 높인다. 아마도 이 정도 수준이 되면 이런 말을 자주 듣게 될 것이다. "저도 OO님 보고서 받아보고 싶은데 이메일 리스트에 넣어주실 수 있겠습니까?"

이렇게 맡은 일에 대해 고민하고, 공부하고, 혁신하는 자세를 갖춘다면 어떤 일을 맡게 되더라도 탁월하게 잘 수행할 수 있는 역량을 갖추게 될 것입니다. 회사 내부뿐만 아니라 업계에서 누구나 인정하는 전문가로 성장하게 되고 심지어 경쟁사 및 타업종 기업에서까지 배우러 오는 단계가 된다면 '경제적 자유'에 한 발 더 가까워질 것입니다.

2. 나를 편하게 내버려 두지 않는다

저는 21년을 한 직장에서 근무했습니다. (2000년 아모레퍼시픽 입사, 2013년 이니스프리 전적 근무) 한 부서에서 2~3년 정도 근무하고 새로운 부서로 이동발령을 받다 보니 솔직히 편하지는 않았습니다. 계속하여 새로운 업무를 배워야만 했기 때문입니다. 그렇지만 만일 21년 동안 같은 부서에서 비슷한 업무를 수행했다면 수직적인 '전문성'은 다소 높아졌을지 몰라도 수평적인 '다양성'은 현저하게 낮아졌을 것입니다.

'전문성'이 있는 '전문가'로 성장하는 것도 물론 좋습니다. 이런 방식이 적성에 잘 맞는 분들도 있기에 너무 뭐라 하기는 좀 그렇습니다. 하지만 향후 이직하게 되거나 새로운 사업을 하게 되더라도 그 선택의 폭이 매우 협소할 수 있다는 단점이 있다고 생각합니다. '전문성'으로 성공하려면 회사를 그만두고 개인 사업을 할 때도 영위할 수 있는 직무인지가 중요합니다. '부가가치'를 충분히 창출할 수 있는 영역의 일인지 여부도 고민해야 합니다.

하지만 '다양성'의 경우에는 여러 업무를 내 것으로 만들 수 있다는 '장점'이 있습니다. 새로운 업무를 담당하게 되면 인맥도 넓어지고, 더 다양한 영역을 공부할 수 있습니다. 퇴직하더라도 사업 아이템을 잘 선정한다면 어떤 사업이든 충분히 배우면서 추진할 수 있을 것입니다. 이러한 다양성을 추구할 때 가장 중요시해야 할 포인트는 내가 자신 있는 분야와 새로 접하게 되는 분야가 어느 정도 향후 '통섭(지식의 대통합, consilience)이 될 수 있는가?'입니다. 이 부분은 나 자신과 대화를 꾸준히 해보면 바로 답을 구할 수 있을 것입니다.

3. 새로운 일을 배울 때 '학습'을 병행한다

필자는 새로운 업무를 준비할 때 많은 '학습'을 병행했습니다. 게임을 할 때 초기에 일정 자금을 투입해서 아이템이나 무기를 갖추면 보다 빨리 레벨업이 될 수 있고, 수월하게 게임을 진행할 수 있는 것과 같은 이치입니다. 필자만의 '전략적 사고'와 '업무 노하우'였습니다.

신규 업무를 맡을 때마다 관련 도서도 읽어보고, '외부 세미나',

'교육' 등 회사의 지원을 받거나 사비로 등록하여 참석하고, 전문가나 외부 업체 담당자들을 찾아 조언을 구하기도 했습니다. 퇴근 후나 토요일에 개설된 '강의'를 조사하고 회사에 지원을 요청해서 8주간 교육을 수료하기도 했습니다.

누가 시켜서 억지로 한 '학습'이 아니므로 고스란히 내 머릿속에 저장되어 있게 되는 것은 당연한 이치이고 잊으려고 해도 잘 잊히지 않습니다. 언제든지 필요할 때마다 꺼내서 사용할 수 있는 나만의 '내공'이자 '핵심 역량'이 되는 것입니다.

매우 바쁘게 하루하루를 쪼개어 살아가는 사람이 결국 나중에 성공할 확률이 높다고 생각합니다. 같은 해에 입사한 사람이라도 퇴사할 때쯤에는 '개인 역량 수준'에서 많은 차이를 나타내게 될 것입니다. 그리고 월 소득의 10% 정도는 자신의 미래를 위한 '학습'에 반드시 투자해야 합니다. 대학 졸업 이후 책도 잘 읽지 않고 '공부'를 게을리한다면 '성장'은 멈추게 됩니다.

다음은 투자로 성공해서 경제적 자유를 얻는 방정식입니다.

1. 본업에 충실할 것

'본업'을 대충하는 사람이 과연 '투자'를 잘 할 수 있을까요? "하나를 보면 열을 알 수 있다"라는 속담처럼 본업에 성실하지 않은 사람이 투자에 성공하기는 힘듭니다. 위에 언급한 성공방정식은 투자하는 데 있어서 '관찰력'이나 '관점'을 만들어 줄 수 있는 기초라고 생각합니다. 본업은 내 삶을 지탱해주는 '경제적인 뿌리'와도 같아서 이 기초가 흔들리면 '투자'라는 부업도 잘하기 어렵습니다. '투자'에서 실수하더라도 '본업'이 뒷받침되어야 언제든 다시 일어설 수 있기 때문입니다. 그리고 무서운 이야기이지만 투자에 성공한 사람들은 대부분 1~2번 정도는 바닥까지 내려가는 경험을 하신 분들이 많았습니다.

2. 투자는 '또 하나의 직업'이라고 생각할 것

'부업'이라고 해서 적당히 대충하라는 뜻이 결코 아닙니다. 본업에 충실하면서 퇴근 이후, 아니면 사업하는 틈틈이 '세컨드 잡'에 '시간'과 '노력'을 투자해야 합니다. 투자의 세계에서는 누구나 '초보자'로 출발합니다. 하지만 어떻게 공부하고 노력하느냐에 따라 5년, 10년 후 그 차이가 확연하게 드러날 것입니다. '본업'에서처럼 '투자'에서도 여러 가지 방법을 활용하여 내공을 쌓아야 합니다. 그렇게 꾸준하게 쌓인 실력은 온전히 내 것이 됩니다. 단, 경제 전반에 대한 이해가 뒷받침되어야만 하지 단순하게 차트만 보는 공부를 하는 것은 망하는 지름길임을 명심하십시오! 1만 시간의 법칙을 기억하고 거북이처럼 견디고 나아가다 보면 '최후의 승자'가 되고, 경지에 오르게 되며 '경제적 자유'까지 얻게 될 것입니다.

3. 전업투자는 나이 든 이후에 할 것

전업투자를 해도 되는지 문의하는 경우가 꽤 많습니다. 연령대는

키웨스트의 디지털 자산 투자

보통 30대가 많았는데 저는 '전업 투자'를 말리는 방향으로 답변했습니다. 그 이유는 아직 나의 본업이 정립되지 않은 상태에서 부업에 올인하면 포트폴리오상 한 가지 옵션만 남게 되어 리스크가 커질 수밖에 없기 때문입니다.

무엇보다도 이른 나이에 집에 틀어박혀 컴퓨터만 쳐다보면서 데이 트레이딩을 하는 삶은 그리 권장할만한 것은 아닙니다. 적어도 40세 전까지는 다양한 경험을 해보는 것이 좋습니다. 이런 경험은 의사결정 능력을 키우는 핵심 열쇠가 되기도 합니다. '다양성'은 무엇보다 더 중요합니다.

또한 개인적인 의견으로는 전업투자자가 되려면 적어도 대출 없이 3억 원 이상의 시드머니를 굴릴 수 있어야 합니다. 3억 원이 전 재산이라면 그것을 올인하라는 뜻이 아닙니다. 앞서 언급한 것처럼 여유자금 확보는 필수입니다.

6장

성공하는 사람들의
투자 습관을 배워라

꾸준함을 유지하고,
진심으로 감사할 줄 안다

국내외를 막론하고 관광지나 먹자골목에 가보면 유독 사람들이 줄을 서는 탁월한 식당이 있습니다. '맛집'으로 소문난 식당의 특징은 '맛'도 맛이지만 주인이나 종업원이 대부분 친절하다는 것입니다. 손님의 마음을 먼저 헤아리고 들어가는 순간부터 편안하게 대해줍니다. 그래서 같은 메뉴를 제공하는 바로 옆에 원조 맛집을 추종하여 생겨난 식당이 있지만, 텅텅 비었더라도 원조집에서 30분~1시간 가까이 기다림을 마다하지 않는 것입니다. 식사를 마치고는 잘되는 식당의 '좋은 기운'을 받아서 나오는 것 같아 기분까지 좋아집니다. 그리고는 이렇게 동반자와 식당에 대한 평가를 나눕니다.

"이 식당은 잘 될 수밖에 없는 것 같아. 맛도 좋은데 친절하기까지 하잖아"

칭찬은 '추천'과 '입소문'으로 이어지고, 그 식당은 더 잘 될 수밖에 없는 '선순환구조'를 갖게 됩니다. 그리고 이런 식당은 늘 한결같다는 특징을 가지고 있습니다. 맛이 한결같고, 손님이 많거나 적을 때나 한결같이 친절합니다. 손님에 따라 차별하지 않으며 '혼밥족'이 방문하더라도 절대로 홀대하지 않습니다. 1년 후에 다시 찾아가도 늘 같은 서비스를 제공합니다.

성공한 사람들이 바로 이와 같은 특징을 갖고 있습니다. 상대방의 지위고하에 상관없이 누구에게나 친절하고 겸손한 자세를 갖추며, 좋은 기운을 전해주고, 1년 후에 다시 만나도 늘 한결같습니다. 이렇게 한결같아서 업계에서 신뢰할 수 있는 '사람'으로 정평이 나게 됩니다. 주변 사람들을 성공한 사람에 대해서 이렇게 말을 할 겁니다.

"저 사람은 성공할 수밖에 없었겠네. 나는 죽었다 깨어나도 저 사람처럼 꾸준하게 뭔가를 하지는 못할 것 같아"

한결같지 않은 식당이나 사람이 한두 번 잘 될 수는 있겠지만 '지속 성장 기능성'은 거의 없습니다. 흔히 사업에서는 소위 '오픈빨'이라고 표현하지요? 개업 초기에 손님이 많다고 해서 금세 초심을 잃어버리는 식당이 있는데 이는 작은 성공에 감사하지 않고 큰

키웨스트의 디지털 자산 투자

욕심을 내기 때문입니다.

예를 들어 대패삼겹살 하나만 팔아서 자리를 잡은 식당이 어느 날 유명해졌다고 해서 객단가 높은 소고기 등심으로 메뉴를 추가하거나 한다면 손님이 하나둘 떠나기 시작할 것입니다. 저렴한 가격에 양도 많은데 맛까지 있는 집이라는 강점이 없어졌기 때문입니다. 손님은 한결같은 식당에서 저렴한 비용으로 좋은 대접을 받고자 하는 마음의 소유자입니다.

또 다른 예를 살펴봅시다. 어떤 사람이 대기업 임원으로 승진했습니다. 어느 날부터 평소 자주 만나던 거래처와의 미팅에 아랫사람을 보내기 시작합니다. 전화도 직통으로 하지 않고 부하직원을 통해 주로 연락합니다. 사실 그 거래처야말로 자신을 임원으로 만들어 준 일등 공신 중 한 곳이라는 사실을 잊고 이런 행동을 하는 것입니다. 이 역시 범사에 감사할 줄 모르기 때문에 하는 행동이며 어느 날 자의 반 타의 반 회사의 명함을 잃게 되는 순간이 오면 깨닫게 될 것입니다. 자신의 가치 중 대부분은 '명함'에서 나오는 것이었으며 자기 자신이 그렇게 대단한 존재는 아니었다는 사실을 말입니다.

'식당 운영'이나 '삶의 태도'가 이러하다면 과연 '성공'할 수 있을까요? '투자'도 이와 비슷합니다. 늘 한결같고 꾸준해야 합니다. 우연히 '상한가'를 달성했다고 해서 '자만'하면 안 됩니다. 상한가는 그 회사, 종목이 한 것이지 투자자 중 한 사람인, 당신이 만들어 낸 작품이 아닙니다.

"범사에 감사하라!"

누구나 아는 성경 구절입니다. 식당 안에서도 액자 형태로 자주 발견할 수 있는 문구이기도 합니다. '성공한 사람'들의 특징은 본인이 이룬 작은 성취는 물론이고 타인이 베풀어준 아주 사소한, 어찌 보면 당연한 친절에도 진심으로 감사할 줄 안다는 사실입니다.

반면, 범사에 감사하지 못하는 투자자는 늘 일확천금만을 꿈꿉니다. 쉽게 찾아오지 않는 행운만을 기다리면서 호가창과 차트만 바라보면서 귀중한 시간을 대충 보냅니다. 그리고는 자신에게만 행운이 찾아오지 않는다고 낙담하고 불평합니다. 그리고 내 탓이 아닌 남 탓을 하며 삽니다.

"꿈을 이루는 데 오랜 시간이 걸린다. 하지만 시간이 오래 걸린다고 해서 꿈을 포기하지 마라."

《사람은 생각대로 된다》의 저자이자 오디오 출판의 세계적 선도자인 나이팅게일 코넌트 사의 회장인 얼 나이팅게일Earl Nightingale이 남긴 말입니다. 1921년에 태어난 사람이 남긴 말인데 100년이 지난 지금도 여전히 회자 되고 있습니다. '투자'는 장기전입니다. 부디 '초심'을 한결같이 유지하면서 작은 일에도 감사하고, 힘들어도 포기하지 않고 견디는 투자자가 되길 바랍니다.

보이지 않는 것까지 관리하라

식당 얘기를 조금 더 해보겠습니다. 저는 업무 또는 새로운 세상에 대한 호기심으로 여러 나라와 도시를 다니고 있습니다. 현재 20개국, 70개 도시를 방문하였습니다. 가끔은 현지인 추천을 받아서 유명한 식당을 방문하는 경우가 있습니다. 때로는 혼자 길을 걷다가 눈에 보이는 식당에 무작정 들어가 보기도 합니다. 필자가 그럴 때마다 항상 주의 깊게 살피는 곳이 '화장실'입니다.

식당의 메인이라고 할 수 있는 홀이나 음식이 아니라 옛말로 뒷간이라 불렀던 화장실을 유심히 살피는 이유는 간단합니다. 밖에서 잘 보이지 않는 곳까지 세밀하게 신경을 쓰는 식당은, 대부분 식당 주인이 고객에 대한 남다른 '철학'과 '원칙'을 갖고 있다고 생각합니다. "성공한 식당은 뭐가 달라도 다르다"라고 하는데 아무리 맛이 있어도 화장실이 불결하다면 다음에 방문하고 싶은 마음이 사라지는 것이 사람의 마음입니다.

화장실 '관찰 포인트'는 2가지입니다. 남녀 구분이 되어 있는지, 청결하며 소변 냄새가 나지 않는지를 봅니다. 저는 '남성'이어서 좀 덜하지만, '여성'분들의 입장에서는 화장실이 무척 신경이 쓰일 수밖에 없는 공간입니다. 남녀 구분은 손님을 '배려'한다는 뜻이고 '청결'은 식당의 기본인 위생을 신경 쓰고 있다는 뜻입니다.

결론은 이렇습니다. 화장실이 청결한 곳은 음식의 퀄리티, 친절한 접객, 단정한 직원 복장, 청결 상태 등 모든 면이 수준급인 경우가 많다는 사실입니다. 식당은 매우 깨끗하고 훌륭한데 화장실이 형편없는 예는 있지만, 반대로 식당은 별로인데 화장실이 훌륭한 경우를 저는 결코 본 경험이 아직 없습니다.

우리 개인에게도 저마다의 화장실이 하나씩 있습니다. 타인에게 잘 보이지 않는 곳, 그것은 아마도 우리의 마음, 즉 '내면'일 것입니다. 우리 집의 화장실을 누군가 갑자기 사용하겠다고 했을 때 부리나케 청소하지 않더라도 흔쾌히 보여줄 수 있어야 합니다. 그렇게 평소에 '내면'을 갈고 닦아야 합니다. 항상 청결하게 가꾸고, 나쁜 냄새가 나지 않도록 잘 관리해서 한결같은 모습을 유지해야 합니다. 그래야 긴급한 상황 속에서도 내 실력을 제대로 발휘할 수 있으며 갑자기 찾아온 기회를 내 것으로 만들 수 있습니다.

"성공한 사람은 뭐가 달라도 다르다"라고 한다면 저는 그것이 겉으로 드러나지 않는 '내면의 한결같음'이라고 생각합니다. 사람의

키웨스트의 디지털 자산 투자

현재 됨됨이나 사고방식, 행동 등을 살펴보면 미래가 어떻게 펼쳐질지 보이지 않습니까? 나의 '현재'는 그동안 내가 살아온 '결과물'이고, 나의 '미래'는 현재의 내가 살아가면서 만들어 낼 결과물입니다. 매우 중요한 '진리'를 하나 알려드리겠습니다.

"내가 만약 '하나님'이라면, 하늘에서 내려다보며 객관적으로 사람들을 판단했을 때, 나를 남보다 더 잘되게 해주실 만큼 나 자신은 착하게 열심히 잘살고 있을까?"

여러분께서 여기에 대한 답을 명쾌하게 할 수 있다면 성공할 확률이 높은 사람일 것입니다. 화장실을 보여주는 것은 미래의 성공이고 화장실을 관리하는 것이 현재의 노력입니다. 매일 샤워할 때 화장실을 청소하는 사람이 되어 보기 바랍니다. 필자는 그렇게 실천하고 있으며, 깨끗한 화장실을 보유한 사람의 성공확률이 매우 높아진다고 믿고 있습니다.

24시간을 아껴
자신의 교육에 투자하라

만일 12월 31일, 한 해의 마지막 날에 "올 한 해 시간을 너무 알차게 보냈어!"라고 말하고 싶다면 어떻게 해야 할까요? 답은 정말 간단합니다. 시간을 소중하고 알차게 잘 사용하는 것입니다. 필자는 시간을 어떻게 사용하는지에 따라 미래가 달라진다고 믿는 사람이며 몸소 체험하고 있는 사람이기도 합니다. 그래서 자신 있게 말할 수 있습니다.

시간이 없다는 말은 핑계에 불과합니다. 사람마다 처한 환경이 다르겠지만 누구에게나 공평하게 주어진 것은 오직 하루 '24시간'입니다. '시간'은 지위고하, 빈부격차, 남녀노소를 불문하고 모든 사람이 가지고 있는 '동일한 자산'인 것입니다.

"나는 가진 돈도 없고, 남들보다 많이 배우지 못했고, 가정환경도 좋지 않아. 그래서 성공하지 못한 거야. 앞으로도 그럴 것이고"

이 모든 것이 '핑계'입니다. 성공한 사람들은 이런 핑계를 절대로 대지 않습니다. 실패한 사람들만이 남의 탓을 하고 실패의 원인을 외부에서 찾아내어 핑계를 댑니다.

"잘 될 때는 '창문' 밖을 바라보고 안될 때는 '거울'을 바라보라" 즉, 잘될 때는 내 능력보다는 지인, 환경, 행운 덕분에 잘되었다고 생각하고, 잘 안될 때는 모든 문제를 나에게서 찾아보라는 의미입니다. 필자가 강조하고자 싶은 포인트는 '공평한 시간'을 쪼개서 '공부할 시간'을 만들라는 것입니다. 이렇게 다시 한번 강조합니다. "월 소득의 10%는 나의 교육에 투자하라!"

우리는 교육이라고 하면 자녀를 대상으로 하는 것만 생각합니다. 아이의 미래가 중요하다며 올인하면서도 나에 대한 교육은 간과하는 경우가 대부분입니다. 나의 성장에는 '비용'을 투자하거나 '시간'을 만들려는 노력을 기울이지 않는 것입니다. 그래서는 안 되고 나에 대한 교육도 꼭 필요하다고 강조하면 "초중고에 대학 교육까지 끝마쳤는데 무슨 공부를 얼마나 더 해야 합니까?"라고 되묻는 경우가 많습니다. 이런 마인드셋mindset으로는 발전이 어렵고 성공하기 힘듭니다. 성공을 위한 본 게임은 대학교를 졸업한 다음부터 시작입니다. '사회인'이 된 다음, 그 시점이 본격적인 학습을 시작해야 하는 시점이며, 나를 위한 교육에 얼마나 시간과 비용 그리고 노력을 기울이느냐에 따라 각자의 인생은 더 격차가 벌어지게 될 것입니다.

한국 사람들이 청소년기에서 성인으로 넘어가는 일반적인 패턴을 살펴봅시다. 중고등학교 시절에는 작은 시간도 쪼개가면서 공부하고 대학에 진학합니다. 일단 대학생이 되면 살짝 공부를 멀리합니다. 학점을 위한 공부, 영어 공부나 자격증 같은 공부에는 집중하지만 내 가치관과 역량을 다지는 공부에는 인색한 것이 사실입니다. 그리고 졸업할 때쯤 되면 취업 준비를 위해 다시 또 공부하지만, 회사에 힘들게 입사하고 나면 그다음부터는 아예 공부를 내려놓습니다. 많은 사람들이 일에 치여 하루하루를 버텨내며 살아갑니다.

우리 대부분은 출발점과 종착점이 비슷합니다. 차이가 급격하게 벌어지는 시기는 직장인으로 보내는 약 15~25년 정도의 시기입니다. 이 시기에 책이나 경험을 통해서 공부를 많이 하고 매년 발전해온 사람은 은퇴 후에도 독립하여 나름대로 성공을 일구어내고 경제적인 자유를 누리며 노후를 편안하게 맞이할 것입니다. 그 반대의 사람은 길고 험난한 길을 걷다가 점점 삶에 지쳐가며 혼자 낙오할 가능성이 큽니다. 출발점은 비슷해도 공부하는 사람과 그렇지 않은 사람의 종착점은 큰 차이를 보이게 되는 것입니다. 마치 개미와 베짱이 이야기와 매우 비슷한 플롯을 가지고 있습니다.

가장 좋은 공부는 책을 읽는 것입니다. 독서를 해야 자기 지식의 어떤 틀이나 가치관, 프레임 같은 것들을 정립할 수 있습니다.

안타깝게도 많은 사람들이 출퇴근 시간대의 대중교통에서 스마트폰으로 드라마나 유튜브 콘텐츠를 보며 소중한 시간을 보내고 있습니다. 필자의 경험을 떠올려보면 지하철 1칸에 100명 정도 탑승했던 것으로 기억하는데 그중에서 책을 읽고 있는 사람은 평균적으로 3명이 채 안 되었습니다.

필자의 과거 출근 소요 시간이 편도 약 40분 정도였는데 그 시간에 책을 읽어보니 보통 20페이지 정도를 읽을 수 있었습니다. 원래는 1시간에 50~60페이지 정도 읽는 편인데 아무래도 대중교통 안에서는 집중도가 떨어집니다. 퇴근 시간에도 책을 읽을 수 있는 행운이 따라준다면 40페이지 정도 읽게 되고, 주 5일을 따지면 200페이지가 됩니다. 거기에 4주를 곱하면 800페이지. 실제로 800페이지까지는 못 보더라도 500~600페이지 정도는 읽을 수 있는 셈이니 보편적인 경제 서적 2권(한 권당 250~350페이지 기준) 정도 분량을 읽을 수 있었습니다. 1년이면 24권이니 20년이면 480권을 읽는 셈이 되는 것입니다.

최근 퇴직한 후배를 한 명 만났는데 40권 정도 읽었다고 말하더군요. 그래서 "입사하고 나서 20년간 40권을 읽었다는 말이지?"라고 물었더니. "아니요. 대학 때부터 지금까지 읽은 책이 40권입니다."라는 대답을 듣고 사실 살짝 충격을 받았습니다. 그래서 도움이 될만한 책을 '4권' 선물해 주었습니다.

40권을 직장 생활만으로 계산해 본다면 20년, 즉 240개월로 나누면 한 달 평균 0.16권의 책을 읽은 셈인데 시간을 되돌릴 수 없음이 참으로 안타깝습니다. 하지만 늦었다고 생각할 때가 가장 빠른 때라고 했으니 앞으로 5년간의 독서가 저는 매우 중요하다고 생각합니다. 앞으로 5년간 한 달에 2권 정도 책을 읽게 된다면 120권 정도 읽을 수 있으니까요. 참 이렇게 '책'에 대한 중요성을 강조하다 보니 필자가 원래 책을 무척 좋아하는 것 아니냐 질문하실 수 있는데, 전혀 그렇지 않고 한 권, 한 권 읽을 때마다 매우 힘들게 읽었습니다.

화제를 살짝 바꾸어서 연말에 '상여금'이나 '보너스'로 1천만 원이 생겼다고 가정을 해봅시다. 1천만원의 10%인 100만 원을 '주식'이나 '암호화폐' 공부에 사용한 다음 투자에 뛰어든다면 성공할 가능성이 훨씬 더 높아지지 않을까요?

'책'이 가장 좋지만, 독서에 자신이 없으면 '이것'을 보는 것도 좋은 방법입니다. 시대가 시대이니만큼 그 사람의 '이것' 리스트를 살펴보면 사람의 미래까지 알 수 있다고 필자는 생각합니다. 조만간 상한가 주식이 될 사람인지 아닌지 판단할 수 있는 '선행지표'라고도 할 수 있습니다. 바로 개인별 유튜브 '메인 화면'입니다.

유튜브 초기화면에 접속하면 알고리즘에 의해 각자의 구독 중인 방송이나 비슷한 채널들이 올라와 있게 되는데 이 리스트를 보면 그 사람의 '성향'을 알 수 있다는 뜻입니다. 주로 먹방을 보는 사람은 음식 관련 채널들이 있을 것이고, 축구를 좋아하는 사람은 스포츠 채널들이 있을 것입니다. 반면에 투자자로 성공하고 싶은 욕심이 있고, 공부하는 사람의 플레이리스트에는 투자, 경제, 사회,

국제뉴스, 인문, 동기부여 강의 같은 것들이 주로 나타나 있을 것입니다.

이처럼 안테나를 켜고 공부하는 사람과 고민 없이 시간을 펑펑 허비하면서 요행을 바라는 사람의 미래는 절대 같지 않을 것입니다. 한번 본인의 스마트폰을 열어서 내가 어떤 채널을 보면서 소중한 24시간을 사용하고 있었는지 확인해보길 바랍니다.

"당신이 먹은 것이 무엇인지 말해달라. 그러면 당신이 어떤 사람인지 말해주겠다"라는 프랑스의 법관이자 미식가였던 장 앙텔름 브리야사바랭Jean Anthelme Brillat-Savarin의 말처럼 오늘 당신이 본 방송이 바로 당신을 나타내며 당신의 미래까지 예견할지 모릅니다.

물론 활자를 통한 공부가 가장 효과적이지만 유튜브는 본인의 의지와 무관하게 알고리즘에 의해 추천받고 반복적 시청도 가능하다는 장점이 있으니 활용해 보길 바랍니다. 필자의 경우 소니 블루투스 방수 스피커를 활용하여 샤워 시간에 뉴스나 좋은 영상을 듣습니다. 2가지 일을 동시에 해결하니 좋습니다. 아울러 심심풀이 오락 방송보다는 전문가들의 지식 채널을 찾아서 보길 권합니다.

책과 유튜브를 통해 지식이나 상식을 얻을 수 있다면, 외국어 공부를 통해 삶에 필요한 기술 습득을 하는 것도 매우 필요한 공부입니다. 그리고 해외여행을 통해 경험을 쌓고 견문을 넓히는 현장 학습도 추천합니다.

해외에 나가 각 도시의 장단점을 비교하고, 그 나라의 역사를 공부하면서 흥망성쇠를 직접 눈으로 보면 큰 공부가 될 것입니다.

일반적인 관광도 물론 중요하지만, 관심 분야의 세미나나 국제행사 등에 참여하면 훗날 사업을 구상할 때도 큰 도움이 될 것입니다. '경험'도 공부의 한 형태이므로 여기에도 비용과 시간을 투자할 필요가 있습니다. 그래야 '경험'을 잘 기억해두고 내 것으로 만든 다음 실전에서 사용할 수 있는 타이밍이 반드시 오기 때문입니다.

이처럼 누구에게나 공평하게 주어진 '24시간'을 어떻게 사용하는지에 따라 미래가 달라집니다. 틀림없이 사람의 인생이 바뀔 것입니다. 부디 시간을 잘 나누고 쪼개서 1초도 허투루 낭비하지 말길 바랍니다. 나의 발전을 위해서 시간을 알차게 사용하는 사람이 되었으면 좋겠습니다.

스텔라루멘, 미국 샌프란시스코(2022년 5월)

쎄타 토큰, 미국 샌프란시스코(2022년 5월)

키웨스트의 디지털 자산 투자

Taker가 아닌 Giver가 되자

사회생활을 하다 보면 남에게 호의를 베푸는 일이 생깁니다. 이때 고맙다는 말 한마디 없는 사람도 있고, 두 번, 세 번 감사 인사를 전하는 사람도 있습니다. 뭘 바라고 한 것은 아니지만 전자의 경우는 사실 좀 섭섭하기도 합니다. 그런데 실제로 이렇게 범사에 감사할 줄 모르는 사람이 의외로 많습니다. 말 한 마디로 천 냥 빚을 갚을 수 있다는 걸 모르는 사람입니다.

"호의가 지속되면 권리인 줄 안다"라는 영화 속 대사나 "호의를 베풀면 둘리인 줄 안다"라는 우스갯소리가 괜히 나온 말이 아닐 겁니다. 이런 사람들은 다음과 같은 말도 자주 합니다.

"뭔가 받을 생각을 하면서 호의를 베푼다면 차라리 베풀지 말지."

물론 아주 틀린 말은 아닙니다. 받을 걸 기대하고 호의를 베푸는 것은 좋은 행동이 아닐 수 있습니다. 그런데 "다른 사람에게 호의를 베풀 때 보답받을 것을 기대한다면 베풀지 마라"고 주장하는 사람들은 대부분 남에게 호의를 전혀 베풀지 않는 사람들이라는 특징이 있습니다. 베풀지도 않으면서 남의 베풂에 대해서는 평가 절하하는 것입니다. 본인들은 정작 자기 지갑을 여는 것에 인색하면서 남을 공격하는 경우를 많이 보았습니다. 이렇게 말할 수 있는 이유는 베푸는 사람은 절대로 남을 공격하지 않기 때문입니다.

비록 작은 것이라고 할지라도 누군가로부터 호의를 받았다면 단순하게 받은 것 그 자체만을 생각하면 안 됩니다. 그 호의 안에 그 사람이 나를 대하는 '배려하는 마음', '소중한 시간'과 '노력'이 포함되어 있음을 알아야 합니다. 잘 베풀어 보지 않은 사람들은 이러한 점을 간과합니다. 금전적 혜택이라면 더욱 그러합니다. 그 돈을 벌기 위해 그 사람이 투자했던 시간과 노력은 감히 돈으로 그 가치를 환산할 수 없을 것입니다.

나아가 그 사람이 어떤 생각을 가지고 어떤 과정을 거쳐 나에게 그것을 베풀었을까를 헤아려봐야 합니다. '동기'와 '과정'을 살피라는 것입니다. 그렇게 생각해보면 그가 베푼 친절은 아무리 사소해 보이더라도 베푸는 그 순간에만 국한된 것은 아닙니다. 1분이나 2분짜리가 아니라 한 시간, 두 시간, 아니 일주일이나 한 달 그 이상의 시간과 노력이 포함된 것이라는 얘기입니다.

이런데도 그의 호의를 사소한 것, 당연한 것으로 치부하면서 감사함을 표현하지 않고 대충 넘어간다? 그런 사람들은 '마인드셋'이 매우 잘못된 것입니다. 받은 것 그 이상을 되돌려주겠다는 마인드셋을 보유해야 합니다.

"범사에 감사한 마음을 갖는 사람이 성공할 수 있다"라고 주장하는 이유가 바로 여기에 있습니다. 성공하는 사람이 되고자 한다면 항상 안테나를 켜고 주변을 잘 살펴야 합니다. 나에게 친절을 베푼 친구나 지인들에게 나는 어떻게 보답하고 있는지, 감사하다는 말이라도 잘하고 있는지 되돌아보면 좋겠습니다.

"내가 대접받고 싶다면 남에게 먼저 대접하라."
"대접받고 싶은 대로 대접하라"

이 격언을 잘 명심하고 살아간다면 분명히 성공에 가까이 도달할 수 있을 것입니다. 만일 그런 삶을 살고 있지 않았다면 "내가 안 되는 이유가 여기 있었구나!"라고 거울을 바라보며 생각해봐야 합니다. 그리고 개선해나가야 합니다. 내가 베푼 호의는 그 사람이 아니라도 어떤 형태로든 나에게 반드시 되돌아오게 마련입니다.

흔히 '기브 앤 테이크Give & Take'라고 하죠. 주는 것이 있으면 받는 것도 있어야 하고, 받은 것이 있으면 그 이상 돌려줘야 합니다. 이를 기준으로 하면 사람을 '주는 사람Giver' '받은 대로 주는 사람Matcher'

'받기만 하는 사람Taker' 3가지 유형으로 분류할 수 있습니다.

먼저 'Give'와 'Take' 사이에 있는 사람이 바로 Matcher입니다. 이 Matcher도 세부적으로 4가지 유형으로 나눌 수 있습니다. 1) 받은 만큼 돌려주는 유형 2) 받은 것 이상을 돌려주는 유형 3) 받은 것보다 조금 적게 돌려주는 유형 4) 아주 적게 돌려줘야 마음이 편한 유형 등이 있습니다.

'Taker'를 말투로 설명해볼까 합니다. 일단 "나는 받아도 절대 남에게 안 줍니다." "내가 언제 달라고 했어?" "왜 주고 나서 생색을 내세요?"라고 비난합니다. 남이 자신에게 베푸는 것은 당연한 일이고, 자신이 베푸는 것은 있을 수 없는 일이라고 생각하죠. 그럼 왜 받았을까요? 계속 받기만 하려고 할까요? 처음부터 아예 받지를 말든지 해야 하지 않았을까요?

이처럼 'Taker'는 고마움도 모르고 갚지도 않는 유형입니다. 매우 이기적인 유형의 인간이며 어쩌다 밥이라도 한번 사면 또 엄청나게 생색을 냅니다. 또한 대부분 부정적인 표현을 많이 하는데 예를 들어 여럿이 식사하려면 '주선자'가 대부분 미리 식당도 알아보고 예약도 합니다. 그런데 만일 음식이 맛이 없거나 식당 직원이 불친절했을 경우 Taker들은 그냥 넘어가지 않습니다. 주선자의 마음은 전혀 고려하지 않고 불평하기 일쑤입니다. 하지만 'Giver'들은 '주선자'를 위로하면서 전체 분위기를 긍정적인 방향으로 끌고 나갑니다. 사실 식당을 알아보고 예약한 사람이 'Giver'일 가능성이 매우 큽니다.

키웨스트의 디지털 자산 투자

정말 신기한 것은 친구들끼리 만났을 때 밥값을 자주 내는 친구는 의외로 가장 경제적으로 여유 있는 친구가 아닐 수 있습니다. 늘 남을 배려하고 베푸는 Giver 마인드를 가진 친구가 더 자주 계산합니다. 다시 말해서 부자라서 Giver가 되는 것도 아니고, Giver가 곧 부자인 것도 아닙니다. '마인드셋'은 개인적인 노력의 산물입니다.

여러분은 어떤 사람입니까? 누군가가 뭔가를 알아서 해주길 바라는 나는 항상 얻어 타고 가야 직성이 풀리는 프리 라이더^{free rider}인가요? 아니면 항상 먼저 내 시간과 노력을 들여서 이타적으로 생각하고 행동을 하는 사람인가요? 성공한 사람이 되려면 어떤 쪽이어야 할까요?

쉽게 생각하면 남의 것을 받는 'Taker'가 부자가 될 것 같지만 그렇지 않습니다. 오히려 'Giver'에 가까운 사람들이 나중에 크게 성공할 확률이 높습니다. 그 이유는 미리 준비하는 '이타적 노력'을 항상 해왔기 때문입니다. 그런 일을 주로 했기 때문에 남들보다 경험도 많아서 업무도 더 잘 할 수 있을 것입니다. 또한 금전적인 측면에서도 막상은 내가 지출을 더 많이 한 것 같지만 그런 것들이 쌓여서 나중에 본인한테 크게 돌아올 것입니다. 참, 한가지 빠뜨린 사실이 있는데, Matcher는 받은 만큼 돌려주는 성향의 사람들이기 때문에 Giver들은 호의를 돌려받지 않아도 가만히 있지만 Matcher들은 Taker를 반드시 응징한다고 합니다. 애덤 그랜드^{Adam Grant}의 《Give and take》책의 일독을 권합니다. 필자의 인생에 많은 영향을 끼친 도서 중 하나입니다.

스트라이커보다 어시스터,
이기는 것보다 페어플레이

'손흥민' 선수 덕분에 해외 축구 특히 EPL에 관한 관심이 부쩍 많아졌습니다. 필자가 축구 전문가는 아니지만, TV 중계를 가끔 보면서 최근 몇 년 사이에 생긴 어떤 변화 한 가지를 발견했습니다. 예전에는 '캐스터'나 '해설가'가 '스트라이커' 위주로 중계를 많이 했던 것 같습니다. 아마도 축구는 골이 많이 나지 않는 스포츠이기 때문에 '득점'을 기록하는 '스트라이커'에 관심이 집중될 수밖에 없는 것 같습니다. 그러던 추세가 요즘에는 '어시스트'를 기록으로서 '골'만큼 중요하게 다뤄주고 있고, 스포츠뉴스 하이라이트 시간에도 '어시스트 과정'도 '골'만큼 비중 있게 설명해 주고 있음을 느낍니다. 사회가 '결과'를 중시하는 문화에서 '과정'도 중시하는 문화로 변화하고 있다는 방증이 아닌가 생각합니다.

저는 '손흥민' 선수가 속한 토트넘 핫스퍼^{Tottenham Hotspur FC}팀에서 해리 케인^{Harry Kane} 선수를 눈여겨보곤 합니다. 제가 기억하는 해리 케인 선수는 몇 년 전만 해도 충분히 '손흥민' 선수나 다른 동료 선수에게 패스를 통해 득점 기회를 양보할 수 있는 상황임에도 불구하고 혼자서 끝까지 해결하려는 모습을 자주 보여왔습니다. 팀이 이기는 것이 무엇보다 중요한 것인데 왜 이기적인 플레이를 할까? 잘 이해가 되지 않았습니다. 분명히 경기장을 바라보는 시야가 부족한 선수가 아니었는데도 말입니다.

그러다가 최근 2년 전부터 해리 케인 선수에게서 달라진 모습이 자주 보이기 시작했습니다. 충분히 자신이 슈팅을 할 수 있는 상황인데도 조금 더 나은 기회를 가질 수 있는 손흥민 선수 등 동료 선수에게 어시스트 하는 '이타적인 플레이'를 수십 차례 보여준 것입니다. '나이가 들면서 축구 철학이 변한 것인가?' 하는 생각도 해봤습니다. 해리 케인 선수의 플레이로 인해 동료들의 득점 확률은 점점 높아졌고, 아울러 팀의 승률도 증가하여 팀 순위로 Top 4에 계속 머무를 수 있게 되었습니다.

이런 말을 한다면 한국 팬들에게는 비난을 받을 수 있는 일이지만 필자가 만일 구단주나 감독의 입장이어서 동일한 비용으로 두 선수 중 한 명만 영입할 수 있다면, 손흥민 선수보다는 해리 케인 선수를 선택하겠습니다. 물론 손흥민 선수가 어시스트 능력이 없다는 뜻은 아닙니다. 플레이 스타일로 볼 때 손흥민 선수는 '스트라이커'에 더 가깝고, 해리 케인 선수는 '스트라이커'로서의 장점도 있지만 '어시스트' 능력도 갖추고 있기 때문입니다. 시야가 넓고, 득점력과 어시스트에도 능력이 있으며 팀을 위한 이타적인 플레이를 펼치는 선수, 동료들에게 존경받는 리더형의 선수는 팀에 꼭 필요한 존재입니다. '이타적인 플레이'를 펼치는 선수가 많은 팀, 사회 조직은 잘될 가능성이 큽니다.

성공하고 잘 되는 사람이 되기 위해서는 더욱 그렇습니다. 스포트라이트를 받는 스트라이커도 물론 좋지만, 중장기적으로 본다면 이타적인 플레이를 하는 어시스터assister가 더 크게 성공할 확률이 높습니다. 그럴 수밖에 없는 이유는 '주인공'은 '자기중심적'인 경우가 많지만, '조연'은 타인을 빛나게 도와주는 역할을 많이 하게 됩니다. 그래서 입버릇처럼 이렇게 말하는 성향을 갖고 있습니다.

"제가 뭐 도와드릴 일은 없을까요? 혹시라도 도움이 필요하면 언제든 편하게 말씀해주세요"

일상생활에서 남을 돕겠다는 자세가 몸에 밴 사람들이라는 뜻이고, 그래서 타인의 사소한 친절에도 "감사합니다"라는 말을 진심으로 건넵니다. 위에서 언급한 범사에 감사하는 사람인 것입니다. 여러분 스스로 질문을 한번 던져보시면 어떨까요? 나는 얼마나 자주 이런 말을 하는지, 매일 남을 위해 조그만 친절이라도 베풀고 살아가는지 말입니다.

이런 어시스트 마인드셋이 중요하다고 강조하는 이유는 필자가 사람들에 대해서 면밀하게 관찰하는 습관이 있는데 잘되는 사람들은 이런 '이타적인 성향'을 가진 경우를 자주 보았기 때문입니다. '어시스트'하는 사람으로서 나의 '이타적인 노력'은 상대방을 행복하게 만들어 줄 수 있고, 상대의 행복이 결국은 돌고 돌아 이자가 붙어 더 큰 내 복으로 돌아온다는 철학과 믿음이 있습니다. '이기적인 사람'들이 직장에서 빨리 승진하고 인생도 앞서나가는 것 같지만 결국 기나긴 인생에서 최후의 승리는 '이타적인 사람'이 가져갈 확률이 높다는 사실을 잊지 않았으면 좋겠습니다.

스포츠 얘기를 조금 더 해볼까요? 스포츠는 이기는 것보다 '페어플레이'가 훨씬 더 중요합니다. 사회인 야구를 10년 정도 2부리그(선수 출신이 2명까지 뛸 수 있음)에서 경험했던 필자는 '페어플레이'하고 지는 것이 '더티플레이'를 하고 이기는 것보다 훨씬 마음도 편하고 나 자신에게 떳떳했습니다. 이 원칙만 잘 지켜도 삶은 매우 달라질 수 있다고 생각합니다.

스포츠를 같이 해보면 그 사람의 '인성'을 알 수 있다고 생각하고 '아모레퍼시픽 오디세이 야구단'에서 10년간 야구를 하면서 '인성' 좋은 직장동료들과 재미도 있었고 많은 것을 배울 수 있었습니다. 그 어떤 스포츠보다도 신사답고 서로 직접 몸을 부딪치는 일이 적으며 매너나 에티켓을 중시하는 것이 야구입니다. 예를 들면 '빠던'이라고 하죠. 한국에서는 홈런을 치고 배트를 내던지는 행위가 용인되지만, 미국 메이저리그에서는 홈런을 맞은 투수와 그 팀에 대한 예의가 아니라는 이유로 금지하고 있습니다. 야구에는 암묵적인 신사적인 룰이 많은데 이를 무시하면 다음 타석에서 초구부터 바로 몸쪽에 '빈볼'을 맞게 됩니다. 워낙 당연해서 타자조차 맞을 각오를 하고 타석에 들어서고 그냥 맞습니다. 내 동료가 에티켓을 지키지 않았기에 내가 대신 '빈볼'을 맞는 것인데도 화내지 않고 수긍합니다. "내 동료가 잘못했으니까 내가 대신 맞는다. 이걸로 남자답게 퉁치자!"

'사회인 야구'일수록 이런 매너를 중시합니다. 경기 후반으로 가면 큰 점수 차로 이기고 있을 때는 도루를 가급적 하지 않고, 안타가 나와도 환호성을 크게 지르지 않습니다. 그런데 분명 아웃인데도 세이프라고 우긴다든지, 상대 선수를 거짓 플레이로 현혹한다든지 하는 살짝 삐뚤어진 선수들이 있습니다. 다른 사람이 잘 되는 걸 방해하면서까지 이득을 취하려고 하는 나쁜 심보를 가진 더티플레이어들입니다. 다시는 같이 운동하고 싶은 마음이 들지 않습니다.

상대 선수를 다치게 할 수 있는 더티하고 위협적인 플레이를 하고, 승리를 위해 수단과 방법을 가리지 않는 선수 중에서 실력과 인성을 겸비한 대선수를 찾기가 힘듭니다. 기본이 되지 않은 선수가 운동까지 잘하는 경우가 간혹 있기는 하지만, 결국엔 존경받지 못하고 기억에서 영원히 사라지는 선수가 되고 맙니다. 페어플레이를 하지 않는 사람들은 결국 마지막에 가서는 패자가 되는 것입니다.

성공한 사람들은 '공로는 타인의 것'으로 돌리고 칭찬해주며, 일이 잘 안된 경우에는 '내 탓'이라는 마인드가 있습니다. 하지만 더티플레이어들은 반대입니다. 항상 남의 탓을 합니다. "나는 잘했는

키웨스트의 디지털 자산 투자

데 누구 때문에 망쳤다", "심판의 편파 판정이 문제였다"는 식으로 원인을 항상 '내부'가 아닌 '외부'에서 찾습니다. 일상생활에서도 비슷합니다. 습관적으로 약속에 늦는 사람이 꼭 하는 말이 있습니다. "차가 밀려서 늦었다"와 같은 핑계를 댑니다. 그냥 핑계 대지 않고 죄송하다고 사과하거나 그게 싫으면 더 일찍 나왔으면 되는 일인데 꼭 변명합니다. 자기 잘못은 없는 것처럼 굳이 '자기방어'를 합니다.

투자할 때도 마찬가지입니다. 잘못된 정보를 준 지인 때문에 돈을 잃었다거나 상한가에서 매도할 계획이었는데 뉴스에서 계속 오를 것처럼 말해서, 경기가 안 좋아서, 환율이 올라서, 금리가 올라서 등등 '실패한 원인'을 본인(내부)이 아닌 주로 '환경 탓'(외부)을 합니다. 환율이나 금리 변동은 모든 사람에게 공통으로 적용되는 것이지 절대로 변명하는 한 명에게만 불리하게 작용하지는 않는데도 말입니다.

'원칙'을 무시하는 플레이어이기 때문에 30% 여유자금 비축, 정보 분석, 선물투자나 레버리지 금지 등 자신과의 약속도 지키지 않을 것입니다. 자신을 돌아보지 않으니 실수는 계속될 것이고, 결국에 가서는 실패한 투자자가 될 것입니다. 투자에서도 페어플레이어가 되어야 하는 이유입니다.

누구보다 자신이 가장 잘 알 것입니다. 본인이 페어플레이어인지, 아니면 경기에서는 이겼지만 더티플레이어인지 말입니다. 항상 나 자신에게 떳떳해야 합니다. 그런 사람이 진정한 승자입니다. 인생이나 투자에서 패배자가 되고 싶어 하는 사람은 아마 한 명도 없을 것입니다. 그렇다면 이제 성공하는 사람이 되기 위해 달라져야 할 때입니다. 부디 이 책이 그런 기회를 제공하는 계기가 되었기를 바랍니다.

대한민국 암호화폐 시장의 미래

오랜 '크립토 윈터Crypto Winter'를 지나 2023년 말 비트코인 가격은 약 2천만 원의 중기 바닥을 터치했고, 2023년 7월 현재 약 4천만 원을 기록하며 100%p까지 상승한 상태입니다. 2022년 '루나 · 테라'를 유지하는 페깅pegging 알고리즘이 무너지면서 시가총액 60조 원이 증발했습니다. 2022년 11월에는 세계에서 세 번째로 큰 가상자산거래소 'FTX'가 파산했고, '위메이드'가 발행하는 암호화폐 '위믹스'가 국내 주요 거래소에서 '상장 폐지'되면서 투자심리가 얼어붙는 과정을 겪었습니다. 전체적으로 암호화폐에 대한 신뢰도가 많이 떨어진 상태이고, 나아가 투자자 보호의 중요성이 대두된 상황입니다.

2023년 5월 11일, 국회 정무위는 전체 회의를 열고 '가상자산 이용자 보호 등에 관한 법안'을 의결했습니다. 그동안 여야 대치로 발의만 되고 진행되지 못했던 가상자산 관련 법안 19건을 통합한 것입니다. 해당 법안은 가상자산을 '경제적 가치를 지닌 것으로서 전자적으로 거래 또는 이전될 수 있는 전자적 증표'로 정의했습니다. 드디어 투자자 보호 방안이 법의 테두리 안에 들어갔다고 할 수 있습니다.

투자자인 독자들이 주목할 부분은 주식시장과 같이 '미공개 중요정보 이용행위' '시세조종 행위' '부정거래 행위' 등을 불공정 거래 행위로 규정했다는 점입니다. 이를 위반하면 형사 처벌뿐 아니라 손해배상책임을 부담하고 집단소송을 제기할 수 있도록 하는 한편 '금융위원회'가 과징금도 부과할 수 있도록 했습니다. 불공정거래 행위가 적발되면 금융위가 이익 또는 회피 손실 2배에 상당하는 금액 이하 과징금, 혹은 50억 원 이하의 과징금을 부과하도록 한 것입니다. 이와 함께 1년 이상의 유기징역이나 위반행위로 얻은 이익 또는 회피한 손실액의 3~5배에 달하는 벌금을 부과하는 조항도 마련됐습니다.

이번 1단계 법안이 투자자 보호를 중심으로 만들어져 있습니다. 향후 추진될 2단계 법안은 가상자산 발행과 공시 상장 등 가상자산 산업 전체를 포괄하면서 글로벌 흐름에 부합하게 될 것입니다. 코로나 기간 특히 2021~2022년에는 국내의 경우 블록체인, 암호화폐 컨퍼런스나 세미나가 극히 드물었으나 2023년이 되면서 다양한 행사가 개최되면서 다시 한번 블록체인, 암호화폐에 관한 관심이 높아지고 있습니다. 국회에서는 다양한 입법 활동과 민당정 간담회가 개최되고 있으며, 한발 물러서 있던 '금융위원회'와 '금융감독원'도 최근에는 활발한 움직임을 보여주기 시작했습니다.

증권사에는 증권형 토큰^{STO} 시장을 새로운 비즈니스 모델로 차분하게 준비하고 있습니다. 일반기업에서는 블록체인 관련 기업을 인수하거나 파트너십을 맺고 비즈니스 모델에 블록체인의 장점을 접목하려는 시도들이 나타나고 있습니다. '규제'가 아직 확실하게 정립이 되어 있지 않기 때문에 아직 대기업, 특히 금융권 중에 은행권은 눈치를 많이 살피고 있는 흐름이었습니다. 거래소는 DAXA^{Digital Asset eXchange Alliance}를 출범시켜 업비트, 빗썸, 코인원, 코빗, 고팍스 5개 거래소를 멤버로 하여 거래 투명서 제고와 투자자 보호에 힘쓰겠다는 선언도

하였습니다.

　'대한민국이 블록체인에 있어 전 세계적으로 어느 정도 위치에 있느냐?'를 확인하고 싶어 작년부터 현재까지 미국, 독일, 체코, 네덜란드, 벨기에, 룩셈부르크, 일본 7개국의 수많은 도시를 직접 방문하며 체크한 결과, 대한민국의 수준이나 관심도가 작지 않다는 사실입니다. 다만, 반도체를 위시한 대한민국의 강점을 살리기에 너무 좋은 기회에 대하여 조금 더 이니셔티브initiative, 즉 '주도권'을 가지고 세계를 선도해 나갔으면 좋겠다는 생각입니다.

　필자는 코인이라고 부르는 것 자체를 좋아하지 않습니다. 그것은 '블록체인 기술'이나 '암호화폐'를 낮춰 부르는 말로 마치 '도박'처럼 들리게 만드는 첫걸음이라고 생각합니다. 단순히 도박처럼 무너질 것이냐? 아니면 우리의 실생활에 녹아드는 유용한 기술이자 새로운 비즈니스로 진화할 것이냐? 어쩌면 지금 암호화폐는 기로에 놓여있는 현재입니다. 단순히 NFT나 Defi 같은 기술로 한탕 해 먹으려는 투기 세력이 넘쳐나서는 안 될 것입니다.

맺음말

만일 제대로 된 투자를 하고 싶다면

이 시장에서 수익을 내는 투자자로 살아남고 싶다면 책의 서두에 언급한 것처럼 제대로 된 '전문가 멘토'를 만나서 제대로 공부할 수 있어야 합니다. 제 이름을 한자로 풀이하면 지혜로울 지(智)에 가르칠 훈(訓)입니다. 고1 때 윤리 선생님께서 첫 시간에 학생 60여 명의 이름을 전부 해석해 주시면서 나중에 필자에게는 사람들을 가르치는 일을 하면 매우 잘 될 것 같다고 말씀해주셨는데 신기하게도 현재는 그렇게 흘러가고 있어 신기한 생각마저 듭니다.

필자가 유튜브나 강연, 책을 통해서 이루고자 하는 목표는 저를 믿고 따라주시는 분들이 '경제적 자유'를 얻어 그 가족들까지도 풍요로운 혜택을 얻는 것입니다. 그래서 필자를 통해 사회에 기부하는 분들이 한 명이라도 더 많아졌으면 하는 바람입니다. 물론 저를 믿고 따라주시는 멤버십 회원, 유튜브 서포터스 분들의 수익이 증가하면 저 또한 하고자 하는 일에 많은 보탬이 될 것입니다.

여러분이 만일 제대로 투자하고, 더 많은 수익을 내고, 잘 고쳐지지 않는 투자 습관을 완전히 기초부터 다시 변화하고 싶다면, 키웨스트 멤버십이 그 기회를 제공할 수 있을 것입니다. 수익을 낼 수 있는 투자자로 변화할 수 있도록 기회를 말입니다.

2017년, 첫 번째 상승 그리고 2021년 두 번째 상승, 필자는 첫 번째는 수익을 조금 냈지만, 다시 다 잃었고 힘든 시간을 겪다가 미리 잘 준비한 덕분인지 21년에는 '경제적 자유'를 이루었습니다. 개인적으로 직장에서 대구로 발령받아 2년간 일종의 좌천과 같은 시간을 겪었고, 극단적인 선택을 고민한 적이 있을 정도로 매우 힘들었던 시간이었습니다. 그렇게 약 3년간의 극단적인 담금질 시기를 겪어내고 모든 것을 포기했을 무렵, 하나님께서 저에게 축복을 내려주셨습니다. 그때 받은 하나님의 메시지는 "네가 '포도원'을 경영하게 될 것인데 너를 위해서 하면 망할 것이고, 남을 위해서 하면 흥할 것이다"였습니다. 저는 마음속으로 대답했습니다. "경제적으로 망하여 심각한 상황인데 무슨 '포도원'을 경영하라는 말씀이십니까?" 그리고 집으로 걸어오는 길에 통곡하듯이 울었던 기억이 납니다.

남을 위해서 뭘 할 수 있을까 고민하던 저는 약 열흘 후에 '유튜브 방송'을 2020년 12월 4일에 처음 시작했습니다. 하루에 3시간 30분씩 매일 밤 9시부터 12시 30분까지 4개월여를 하루도 쉬지 않고 제가 아는 모든 지식을 다른 분들에게 다 알려드렸습니다. 그리고 전 직장을 그만두는 결단을 내리면서 2020년 10월부터 2021년 2월까지 필자로부터 투자 방법, 종목선정, 매수 및 매도를 배우면서 수익을 낸 수많은 팬 여러분께 더욱 집중하고자 21년 3월 유료 멤버십회원 제도를 신설하게 되었고 보다 본격적으로 투자에 관해 알려드리게 되었습니다. 많은 분들이 가입해 주고 오히려 고마워해 주었던 기억이 생생합니다. 아울러 키웨스트77 회사를 창립하게 되었으며, 여전히 현재도 많은 회원들이 함께해 주고 있습니다. 이 책을 빌어 너무나도 감사하다는 말씀을 드리고 싶습니다.

그래서 저는 결심했습니다. 나를 다시 일으켜주신 분들을 위해서 그리고 대한민국의 디지털 경제 발전을 위해서 바르게 기여하는 사람이 되어야겠다. 그래서 '디지털 경제 협의회'를 발족시켰고 사무국장으로 일하고 있습니다.

앞서 두 번의 큰 상승장이 있었고 적어도 한 번은 더 큰 기회가 올 것이라고 생각합니다. 여러분들이 잘 준비하셔서 3번째 큰 파도에 잘 올라 타셨으면 하는 바람입니다. 만약, 그 기회를 어떤 방법으로 준비할지 잘 모르시겠다면 제가 도와드릴 방법이 있을 것입니다.

앞으로 저는 이러한 활동을 해나갈 것입니다. 개인 투자자 지원 활동에 있어서는 1) 투자자 보호 활동 2) 사기 피해 방지 교육 3) 투자 학습과 성장 크게 3가지를 할 예정입니다. 거래소나 스캠 코인으로 피해 보는 분들이 없도록 목소리를 계속 낼 것이며, 거래소의 부당행위는 좌시하지 않을 것입니다. 그리고 사기 피해로 재산을

키웨스트의 디지털 자산 투자

날린 사람들이 너무 많습니다. 안타까운 사연에 대한 제보를 많이 받아오고 상담해 드렸습니다. 이미 발생하면 도와드릴 방법이 별로 없기에 사기를 당하지 않도록 여러 가지 계도 활동을 해나갈 것입니다. 마지막으로 개인 투자자들의 투자실력이 향상되고 수익을 내며, '경제적 자유'를 이루는 길에 필자가 아는 모든 지식과 경험을 전수해 드릴 것입니다.

공익활동에 있어서는 1) 입법 지원 활동 2) 거래소 감시 활동 3) 암호화폐 재단 감시 활동 등 3가지 활동을 해나갈 것입니다. 국회 입법이 국회의원별로 각각 나뉘어서 진행되는 비효율적인 요소를 발견하였기에 통합적이고 효율적으로 이루어질 수 있도록 적극적으로 입법 활동을 돕겠습니다. 두 번째 거래소 감시 활동에 있어서는 '스캠 코인' 상장이 되지 않도록 감시하고 부당하게 '상장 폐지' 되어 개인투자자들이 피해를 보지 않도록 여러 가지 다양한 활동을 해나가겠습니다. 세 번째, 암호화폐 재단 감시 활동에 있어서는 암호화폐 시장에 상장은 되었지만 제대로 일하지 않고 부가가치를 만들어 내지 못하는 재단은 철저히 조사하여 투자자들에게 알리도록 하겠습니다. 반면 잘하는 암호화폐, 재단에 대하여는 널리 알리도록 하겠습니다.

필자가 대학 시절 주식투자에 대해 배우기 시작한 1998년의 증권사나 투자기관에서 제공하는 정보는 크게 나아진 것이 없으며 투자자들이 똑똑해지는 것을 바라지 않는다고 느껴왔습니다. 이에 '키웨스트(필명)'는 투자자로서 제공받고 싶었던 투자분석이나 전망,

전 세계 그 누구도 제공하지 않는 분석, 전망을 계속 제공하고 있습니다. 앞으로도 투자자 여러분께 더 좋은 '인사이트insight'를 제공하도록 필자 자신을 매일 성장시켜 나갈 것입니다. 암호화폐 관련 법안이 완성단계에 접어드는 시기가 도래할 때 언젠가 'Keywest Fund'로 만날 날도 있을 것입니다.

　공부해라! 공부해라!　꼰대 같은 잔소리로 점철하였던 긴 글 읽어주심에 감사드립니다. 여러분과 가정에 '건강'과 '행복' 그리고 '경제적 풍요'가 함께하길 기원합니다.

키웨스트77 사무실(여의도 파크워타워1)

키웨스트의 디지털 자산 투자

부록

부록 1

투자사 선택의 기준

2020년 12월, 오픈한 암호화폐 전문 유튜브 채널 '블록체인 인사이트 by 키웨스트'는 풍부한 경험, 정통한 통계와 분석, 글로벌 정보력과 네트워크 등에서 탁월한 능력을 보이는 암호화폐 투자, 분석 관련 국내외 최고 전문가입니다. 2023년 9월 현재까지 519개의 암호화폐 투자, 종목별 분석, 투자 방법, 투자 마인드셋, 주요 시황 분석 등 영상이 업로드되어 있으니 언제든 편리하게 공부하실 수 있을 것입니다.

1. 풍부한 경험

필자는 특이하게도 '실물경제'와 '금융경제' 두 분야 모두를 체계적으로 잘 알고 있는 몇 안 되는 전문가라고 생각합니다. 지난 21년간 경험했던 과정도 일반적인 직장인보다 다이나믹 했고 현장경험을 충분하게 보유했다는 의미입니다. 국내외 현장, 고객을 조사하고 분석하고 얻은 경험적 지식Empirical Knowledge으로 투자자들에게 많은 도움을 드리고 있습니다. 실제 회사에서 근무하면서 이익이 어떻게 창출되는 것인지 체험한 것과 그저 재무제표에서 이익이 얼마인지 아는 것은 분명 하늘과 땅 차이라고 생각합니다.

만일 대학교 졸업 후 평범하게 증권사에 입사해서 현재에 이르렀다면 반쪽짜리 분석가라는 한계를 가질 수밖에 없었을 것입니다. 그래서 현재는 현대증권, 한화증권 최종면접에 불합격한 과거를 너무 감사하게 생각하고 있습니다.

적어도 누군가에게 투자를 가르치려면 기업분석을 할 수 있어야 합니다. 투자는 누군가의 재산과 생명까지 영향을 미칠 수 있다는 무거운 사명감으로 해야 하는 것입니다. 최소한 재무제표 정도는 곧바로 분석할 수 있어야 하고, 해당 기업의 비즈니스 모델이나 수익 구조를 제대로 파악할 수 있는 능력이 있어야 합니다. 그런데 전문가라고 자칭하면서도 이런 능력이 없는 사람이 의외로 많습니다. 심지어 2017년부터 암호화폐 분석을 해주는 사람 중에서 아직도 종목별로 어떤 역할을 하는지 한마디로 하지 않고 오로지 차트만 보며 오를까 내릴까만 이야기하는 가짜 전문가들이 판을 치는 현실입니다. 적어도 네이버 인물검색에 이름조차 나와 있지 않고 그 사람의 학력과 이력을 제대로 기재하지 않은 사람들은 거르라고 말씀드립니다. 아울러 거래소의 후원을 받아서 레퍼럴 수익을 챙기는 부류의 위장된 전문가도 멀리해야 합니다.

2. 실질적 통계분석에 정통

아모레퍼시픽 시절 6시그마 MBB^{Master Black Belt} 출신으로서 사내 주요 프로젝트별로 문제점을 정의하고 해결안을 도출하기 위한 데이터를 분석을 다수 진행하였습니다. 그래서 '실험 설계'와 '통계분석'이 일종의 습관처럼 머릿속에 장착되어 있습니다. 21년 직장 생활을 하는 동안 항상 가설을 수립하고 결과를 검증해왔기 때문에 생긴 능력이라고 할 수 있습니다.

개인적으로 직관도 발달해 있지만, 숫자 등의 팩트 데이터를 수집해서 메타 데이터로 만들고, 이를 꼼꼼하게 분석하여 최적의 솔루션을 도출해내는 특장점이 키웨스트의 능력입니다.

3. 글로벌 네트워크와 정보력

암호화폐 시장은 해외, 특히 미국의 동향이 매우 중요합니다. 24시간 깨어 있으면서 글로벌 뉴스를 수시로 접하고, 규제 동향 변화 등을 분석하면서 업계 동향을 살펴야 합니다. 필요할 때 그 즉시 국내외 네트워크를 활용하여 정보를 수집할 수 있어야 합니다. 실제 눈으로 확인이 필요한 경우 비용이 많이 소요되더라도 해외로 직접 나가서 조사합니다.

이렇게 순발력 있게 대응하고 분석하고 영상으로까지 만들어서 여러분께 제공하는 일은 대기업도 쉽게 하지 못하는 일이고 대형증권사, 투자사도 하지 못하는 일입니다. 1998년경 필자가 투자를 처음 시작했을 당시와 25년이 지난 현재, 금융사에서 여러분께 투자

Consensus 2022 by Coindesk
(오스틴, 미국) 2022년 6월

Consensus 2022 by Coindesk
마이클 노보그라츠 (오스틴, 미국) 2022년 6월

를 위해 제공하는 서비스나 자료가 얼마나 많이 나아졌는지요? 스스로 느꼈던 고객 관점에서 필자는 콘텐츠를 만들고 개인투자자들이 똑똑해지고 더 이상 금융사만 행복하게 만드는 고객이 되지 않기를 바랍니다.

팬데믹 기간인 2022년에도 독일, 네덜란드, 벨기에, 룩셈부르크, 체코 그리고 미국은 2회 출장을 다녀오기도 했습니다. 특히, Consensus 2022 by Coindesk in Austin 행사는 블록체인 행사 중에 전 세계적으로 가장 큰 행사이며, 2만 명에 육박하는 사람들 속에서 많은 것을 느끼고 공부할 수 있는 시간이었습니다. 당시 코로나 기간이라 텍사스 오스틴까지 왕복 비행기표가 450만 원에 달하던 상황이었고 평상시 비즈니스 클래스 가격이었습니다. 일반인들이 시간상, 예산상, 그리고 언어적 문제로 접근하기 힘든 컨퍼런스, 세미나 등에 참여하고 그 내용을 개인투자자들에게 전달함으로써 여러분들이 보다 스마트해지기를 바랍니다.

2023년 2월에는 베트남 호찌민에서 유저들을 대상으로 '팬미팅

Consensus 2022 by Coindesk
(오스틴, 미국) 2022년 6월

Consensus 2022 by Coindesk
에이다 찰스 호스킨스(오스틴, 미국) 2022년 6월

겸 블록체인 강연'을 했습니다. 베트남은 필자가 특히 주목하고 있는 나라인데요. 최근 양국의 교역량이 급속히 확대되면서 상호 협력 강화의 필요성이 높아지고 있는 현실입니다. 베트남 암호화폐 투자자들의 관련 지식은 아직 기초적인 수준이지만 추후 성장할 것으로 전망하고 있습니다. 블록체인과 암호화폐 분야에서도 공동 사업과 협력이 필요할 것으로 전망, K-블록체인 전파에 적극적으로 나서면서 베트남 비즈니스에 나서고 있습니다. 사실 매우 놀랐던 점은 페이스북과 유튜브를 통해서 필자를 접하던 분들이 50여 명 넘게 신청을 해주셨고, 행사 진행 친밀도를 고려하여 20명 정도로 인원을 제한한 점이 다소 아쉬웠습니다.

베트남 호찌민 Vincom Center 이니스프리 매장에서 제품을 구매하여 참석자 모든 분께 감사의 선물을 드렸고 참석자 모두 너무 좋아하였습니다. 필자가 베트남에까지 관심을 보이는 이유는 필자 자신도 미국에 관심을 가지고 지켜보듯이, 국내에는 세대로 된 투자분석 전문가가 없는 현실에서 베트남 투자자들에게는 필자나 한

키웨스트의 디지털 자산 투자

호찌민 팬 미팅(2023년 2월, 호텔 그랜드 사이공)

국이 현재 미국의 역할을 할 것이기에 베트남에 관심을 가지고 지식을 나누는 일에 동참하고 싶기 때문입니다.

4. 발 빠른 예측과 대처

업계 동향을 살피는 가장 중요한 이유는 그래야만 남들보다 먼저 미래를 예측할 수 있기 때문입니다. 동향을 파악할 때 가장 중요한 것이 주요 스피커의 발언과 뉴스를 참고하는 것입니다. 하지만 뉴스를 액면 그대로를 믿으면 안 됩니다. 그 이면을 파악하고, 제대로 분석해야 미래를 예측할 수 있고, 또 그래야 남보다 한발 빠른 결정을 할 수 있습니다. 필자 키웨스트는 뭐든지 빨리 배우고, 그것을 바탕으로 다른 사람보다 먼저 분석하고 의사결정을 합니다. 정보의 생명은 신속성과 정확성이고, 투자의 생명은 정확한 판단과 빠른 실행입니다. 일단 의사결정을 하게 되면 나 자신을 믿고 밀고 나가야 합니다. 일반 개미투자자는 이런 마음이 하루에도 몇 번씩 왔

글로벌 토크노믹스 포럼(2023년 3월, 국회도서관 강당)

다 갔다 할 수밖에 없는데 저자도 예전에 다 경험했던 약점이었습니다. 나 자신조차 믿지 못하고 의사결정도 제대로 내릴 수 없는데 시장에서 수익을 낸다는 것은 넌센스일 것입니다.

지난 2023년 상반기 실리콘밸리뱅크^{SVB, Silicon Valley Bank}가 파산 직전이었을 때 국내외 그 누구도 시원하게 예측하지 못했었는데 필자는 바이든 대통령이 책임질 것이라고 장담했습니다. 그로부터 약 30시간이 지난 뒤 바이든이 아침부터 연설을 시작했습니다. 필자가 이런 예측을 할 수 있었던 이유는 2022년 시애틀에 1주일간 머물면서 마이크로소프트, 애플, 아마존, 보잉 등 유수의 기업체를 방문하면서 이런 업체들의 클러스터가 어떤 의미를 갖는지 정확하게 분석할 수 있었기 때문입니다. 직접 가보고 경험하는 것과 2차 자료에 의존하여 알게 되는 것은 하늘과 땅 차이라고 할 수 있습니다. 미국 주요 도시 중에 뉴욕, 시카고, 보스턴, LA, 샌프란시스코, 시애틀, 오스틴, 라스베이거스, 마이애미, 올랜도, 디트로이트, 인디애나폴

키웨스트의 디지털 자산 투자

리스, 신시내티, 루이빌, 샌안토니오 등 수많은 도시를 방문하여 조사한 경험이 있었기에 대통령이 미국의 주요 동력이 되는 도시인 시애틀을 버릴 리가 없다. 우스갯소리로 아마존 직원에게 들은 이야기인데 "시애틀 땅의 절반은 아마존 것이다."라는 말을 필자에게 해주었습니다. 미국에 있어 현재는 뉴욕보다도 시애틀, 샌프란시스코 특히 실리콘 밸리는 매우 중요한 지역이며 미국을 먹여 살리는 도시이기도 합니다.

피해자만 28만 명으로 추산되는 루나 사태 역시 전혀 피해를 입지 않았습니다. 피해가 없었던 이유는 초기에는 루나도 여러 번 추천하였으나 이후에 수상한 점이 다수 발견되면서 '루나'는 투자를 금지하는 의견을 냈습니다. '루나' 관련 '오픈 카톡방'에서 필자는 '권도형(Do kwon)'에게 직접 카톡으로 '차이 멤버십'의 수익 구조에

휴플레이스 1번 회원카드

대해서 의문을 제기했고 연결되는 "루나에 대한 수익성 역시 문제가 있다."라고 지적했습니다. '권도형(Do kwon)'과 그의 지지자들은 필자를 이상한 사람으로 여기며 배척했고 3일 만에 강퇴당했습니다.

필자가 '루나' 그리고 '차이 멤버십'에 대해서 의문을 제기할 수 있었던 이유는 전 직장 아모레퍼시픽 근무 당시에 '휴플레이스 멤버십' 카드 1번을 가지고 있는 CRM의 전체 설계자이며, 롯데카드와 제휴하여 '휴플레이스 모바일 선불카드'를 출시한 경험이 있기 때문입니다. 화장품 업계를 포함 당시에 너무도 빠른 혁신이었고 카드사가 저에게 제안한 것이 아니라 필자가 카드사에 제안했던 내용이고 실제 발매까지 이루어 냈습니다. 이에 '차이 멤버십'의 허술한 문제점(비용 부담은 누가 하는가?)을 바로 발견해낼 수 있었습니다. 일이 발생하고 나서는 누구든 말을 할 수 있습니다. 중요한 것은 문제가 발생하기 전에 예측하고 먼저 알려주며 대응을 빨리하는 것입니다.

그런 점에서 필자는 감히 국내에 전문가가 누가 있는지 의문을 제기하는 것이고, 특히 OO경제TV 등에 나오는 사기꾼들이 여러 명 보이는 데 본인이 돈을 지불하고 출연한다고도 하니 주의하시기 바랍니다. 특히 일부러 교포임을 부각하고 굳이 영어로 말하는 사기꾼들을 주의하십시오. 그 사람들 이력을 조회해봐도 아무것도 나오지 않는 사람들입니다. 수상한 과거를 숨기고 싶은 사람들이기 때문입니다.

키웨스트의 디지털 자산 투자

5. 투자자들에 대한 책임감

FTX 사태 때처럼 멘토의 조언이 딱 맞아떨어질 때도 있지만 반대의 경우도 있을 수 있습니다. 이런 경우 많은 유튜버나 전문가라는 사람들이 "내 책임이 아니다. 투자 결과에 대한 책임은 전적으로 당신에게 있다"라고 답을 합니다. 하지만 필자는 그렇지 않습니다.

2021년 픽셀 코인 폐지로 피해를 본 138명의 투자자를 이끌고 소송을 진행 중입니다. 개인적으로 현재 수천만 원 비용과 시간을 부담하면서 책임을 지려고 노력하고 있습니다. 덕분에 법률 관련 지식도 많이 알게 되었고, 알게 된 내용을 바탕으로 국회의원의 암호화폐 입법 활동에 저자의 지식을 제공하는 공익적인 활동도 하고 있습니다. 위에 언급한 정도의 사명감과 책임감이 없는 사람이라면 다른 사람에게 투자를 권하거나 가르치지 말아야 합니다. 진정한 멘토라면 자신의 말에 책임을 질 수 있어야 합니다.

6. 암호화폐 투자의 5가지 원칙

"그런데 혹시 투자의 정석이나 원칙, 노하우가 있을까요?"

제가 많이 받는 질문입니다. 투자자마다 상황이 천차만별이므로 절대적인 그 무엇은 없을 수도 있습니다. 하지만 '적어도 이것만은 알아두자!' '이것은 해야 한다!' 정도의 리스트 정리는 가능합니다. 먼저 핵심 원칙부터 공개한 후 하나씩 풀어나가 보도록 하겠습니다.

첫째, 최신 정보를 내 것으로 만들어 투자에 활용할 것. 적을 알아야 전쟁에서 이깁니다. 알면 힘이 되고, 모르면 바보가 됩니다.

둘째, 자신의 투자성향을 냉정하게 파악하고 목표를 설정할 것. 타당한 목표나 원칙을 설정하지 못하는 주먹구구식 투자는 필패입니다. 지피지기가 중요합니다. 자신의 성격은 물론 체력까지 객관적으로 파악해야 합니다.

셋째, 가격 상승에 흥분하여 추격하는 매수를 하지 말 것. 차트, 그래프를 보면서 심장이 뛰고 흥분하는 것이 대부분일 것입니다. 투자에 있어서는 심장이 벌렁거리지 않게 담력을 길러야 합니다. 떠난 버스는 냉정하게 놓아주고 다른 종목에서 수익을 내면 된다는 마음을 바로 가져야 합니다. 놓친 종목을 며칠간 생각하는 집착과 미련은 투자를 망치는 지름길입니다.

넷째, 감에 의존하는 묻지마 투자를 하지 말 것. 오늘따라 감이 좋다고 무리하게 투자하면 안 됩니다. 지인이 아는 특정인을 통해 얻은 정보를 바탕으로 묻지마 투자를 하는 것은 더더욱 곤란합니다. 내가 아는 정보는 더 이상 정보도 아니고 제대로 된 정보가 아닌 경우가 대부분입니다. 소위 작전 세력들은 물량을 넘기려고 일부러 소문을 퍼뜨리는 일을 자주 벌입니다. 자신의 상황에 맞게 매수가격과 매도가격을 정한 뒤 원칙에 따라 투자하는 것이 중요합니다.

다섯째, 여유자금을 보유하고 투자에 임할 것. 이곳은 전쟁터입니다. 여유분의 총알이나 비상식량이 없는 군인은 곧 전사하게 마련입니다. 특히 대출받아서 무리하게 투자하지 마십시오. 여러분 자신과 가족을 망칠 확률이 99% 이상입니다. 1%에 여러 사람의 목숨을 걸지 마십시오.

7. 키웨스트는 누구인가?

필자는 단국대학교에서 경영학을 전공한 93학번으로 졸업 후에는 '증권사'에 취직할 생각을 가졌습니다. 대학교 3학년 때 '자본시장'과 '주식'을 공부하면서 처음으로 주식에 관심을 두기 시작했습니다. 당시 동원증권 압구정지점을 무작정 찾아가 차00 펀드매니저를 붙잡고 주식을 가르쳐 달라고 졸랐습니다. 배우고자 하는 어린 대학생이 기특했는지 하나부터 열까지 친절하게 가르쳐주었습니다.

그분의 의견을 참고해 처음 매수했던 종목이 '대림산업'이었습니다. 아르바이트로 모았던 200만 원을 투자해 '대림산업'으로 약 30% 정도의 첫 수익을 기록했고, 원금의 3배인 600만 원까지 만들었는데 당시 한 학기 등록금이 150만 원 정도였으니 매우 큰 돈을 번 셈이었습니다. 3년 된 프라이드 중고차 가격이 300만 원인 시절이었고, 편의점에서 10시간 일하면 43만 원 받던 시절이었습니다. 당시 1999년에는 현대증권 모의투자 대회에서 2만여 개 참여팀 중 30위 정도를 할 만큼 관심도 많고 자신도 있는 분야라서 해당 분야로 취직하고 싶었습니다. 하지만 1차 서류를 통과시켜준 현대증권과 한화증권 등의 입사 최종면접에서 안타깝게 고배를 마셨습니다. 당시는 이익치 회장의 '바이코리아' 열풍으로 경영 관련 학과 누구나 증권사에 입사하는 것이 꿈인 시절이었습니다. 사람에게 뭔가 도움이 되는 것을 좋아하는 성향이 있어 소비재 회사가 눈에 들어왔고 당시 태평양, 지금의 아모레퍼시픽에 입사했습니다.

2000년 영업기획팀으로 입사했고 2년 반 동안 영업지점에서 현장실무를 배웠습니다. 영업지점 경험의 성과를 인정받아 당시 '시판전략팀'의 새로운 수장으로 부임한 권 팀장님으로부터 직접 들어와서 일하면 좋겠다는 전화를 받고 본사로 다시 합류하게 되었습니다. 입사 4년 만에 전사를 대상으로 했던 총체적 원가 절감^{TCR: Total Cost Reduction} 전사 경영혁신 부문에서 대상 수상을 하였습니다. 서경배 회장님으로부터 2004년 1월 조회 시간에 직접 상을 받았으며, 부상으로 300만 원의 상금을 받기도 했습니다.

당시 맡았던 업무는 전국 대리점 전산 재고와 실물 재고를 '정물 일치'시키는 일이었는데 전국 대리점 숫자가 300개가 넘고 제품 품목 수가 1천 개 이상이었기 때문에 선배님들이 만류했습니다. "네가 해결한다면 내 손에 장을 지진다"라고 말할 정도로 불가능에 가깝던 일이었습니다. 하지만 전국을 누비고 특약점 사장님들과 소통하며 교육하고 설득, 전산시스템 오류를 일일이 찾아내어 IT팀과 협업으로 시스템 개선을 동시에 진행한 결과 처음에는 외면받았지만, 나중에는 적극적으로 협조해주실 정도로 만족할 만한 결과물을 얻어냈습니다. 심사를 담당했던 기획팀 이모 과장님께서 랜덤으로 3개 매장 10개 품목을 선정하여 직접 실사했는데, 전산 재고와 실물 재고가 모두 맞은 100% 퍼펙트라는 결과가 나와서 기획팀 팀장님께서 이모 과장님에게 이게 정말 사실이냐고 여러 번 물었다는 후문이 있습니다.

2004년 즈음에는 주어진 업무보다는 주로 새로운 프로젝트를 추진했습니다. 물론 이런 업무 스타일이 저자 자신을 매우 혹사하게 했지만, 또 그래서 얻을 수 있는 것도 많았습니다. 현재 아리따움, 이니스프리, 에뛰드 통합 고객의 회원 카드 번호 1번을 소유하고 있는데 이것은 저자가 아모레퍼시픽의 고객관리체계CRM : Customer Relationship Management 초반 설계자라는 뜻입니다.

수많은 고객 구매 데이터를 분석하면서 요즘 소위 말하는 빅데이터를 분석하고 인사이트를 발굴하는 방법을 익힐 수 있었습니다. 그 당시 국내에는 데이터 분석을 하는 사람 자체가 귀했기 때문에 결과적으로 값진 공부를 할 수 있는 기회이기도 했습니다. 엑셀 50만 행 데이터를 분석 실행시키면 30분 정도 나갔다가 와야 결과가 나올까 말까였고, 컴퓨터가 자주 다운되기도 했었습니다. 결국 사비로 램 등을 업그레이드하면서 버텼습니다.

2005년, 전사적인 6시그마Six Sigma 프로젝트가 아모레퍼시픽에서 추진되었습니다. 기업의 혁신 활동의 일환인 6시그마는 삼성 등 주로 대기업에서 추진하는 상황이었습니다. 회사 내에서 3년간 우수 이상 평가를 2회 획득한 사람에만 추천받아 19명을 선발했는데 이 안에 포함되어 당시 막내임에도 불구하고 수많은 실력파 선배들과 함께 할 수 있었습니다. 프로젝트를 추진하는 방법론과 통계를 바탕으로 한 분석 기법을 IBM 컨설턴트들로부터 배우는 등 귀중한 경험을 할 수 있었습니다.

학습하는 과정만 거의 1년이 걸렸고 프로젝트 추진에 총 2년이 걸렸습니다. 블랙벨트BB: Black Belt를 우수한 성적으로 취득했는데 19명 중에 5등 안에 들었던 것으로 기억하고 있습니다. 합격률이 55% 정도로서 쉬운 일은 아니었습니다. 우수한 추진 능력을 인정받고 각 부문에서 차출이 되고 자격이 되어야 하는 관계로 6시그마 최고 등급인 마스터 블랙벨트MBB: Master Black Belt 자격까지 취득하게 되었습니다. 3기 마스터 블랙벨트 인증시험에서 1등으로 합격하면서 조회 시간에 서경배 회장님으로부터 인증서와 '서경배 님' 이름이 새겨진 고급 스와치 시계를 부상으로 받았습니다. 게다가 포상으로 프랑스, 영국 출장과 경영혁신 글로벌 세미나를 1주일간 다녀올 수 있었습니다.

원래 부문으로 복귀하고 싶었으나 회사 혁신이 중요한 분위기여서 전사 혁신을 추진하는 총괄 역할까지 담당하게 되었습니다. IBM컨설턴트의 비중이 대폭 낮아지고 회사 부문장들과 매년 사업계획을 수립할 때 '사내 컨설턴트'로서 조언을 드리는 역할과 부문별 프로젝트를 추진하고 총괄하는 역할이었습니다. 직급은 대리급이었지만 회사 내에서 대우는 상당히 높은 편에 속했습니다.

개인적으로 글로벌 업무에 대한 열망도 많았습니다. 이에 대학원에 진학시켜주는 사내 경쟁에 참여했는데 높은 경쟁률을 뚫고 합격하면서 성균관 글로벌 MBASKK GSB를 2010년 8월~2012년까지 1년 6개월 과정으로 수료했습니다. 전 수업이 영어로 진행되었고, 주간과정이었기에 1년은 출근하지 않고 한국에서 공부했고, 6개월은 미국 인디애나 블루밍턴(인디애나 대학교 Kelley School of Business)에서 과정을 마쳤습니다. 그 당시 동기 중에 독자분들이 알만한 친구는 '비정상회담'으로 이름을 알린 카를로스 골리토(브라질 출신)가 있습니다. 당시 '협상' 수업에서 카를로스와 저자만 서로 협의를 마치지 못하고 감점을 감수하면서까지 마지막까지 남았던 재미있는 일화가 있습니다. 수업방식은 하버드 비즈니스 리뷰 케이스를 미리 읽어가는 수업이 많았습니다. 단지 듣는 수업이 아닌 토론을 치열하게 전개하여야 학점을 딸 수 있는 방식이었기에 개인적으로 많은 성장을 이룬 시기이기도 했습니다.

복귀 후 스카우트 제의를 받아서 이니스프리 초창기 멤버로 합류하게 되었고, 14년 차에 팀장으로 승진했습니다. 이니스프리에서는 영업사원 교육을 설계하고 체계를 수립하여 백서를 발간했습니다. 아모레퍼시픽 그룹사 대표 백정기 사장님께서 우연히 백서를 보게 되었고, 인재개발원 원장님께 전달하여 이니스프리로 직접 내용을 참관하러 오시기도 했습니다. 당시 타 부문에서 이니스프리 영업사원 교육을 벤치마킹했으며 내용을 그대로 전수해 드렸습니다.

고객 서비스팀과 e-커머스팀도 체험하면서 현대카드에 이어 2번째로 소위 진상 고객의 전화가 올 경우, 응대 직원이 먼저 전화를 끊을 수 있는 메뉴얼을 만들었습니다. 또 문제 발생 시 필자가 모두 책임지겠다는 조건 아래 시행시켰습니다. 아울러 국내외 온라인 쇼핑몰도 개선했습니다. 2016년 8월, 이니스프리 모바일 쇼핑몰을 전면 재단장해서 다시 오픈한 현재 모습이 필자가 기획한 모습이었습니다. 당시 수많은 화장품 업계에서 표준으로 삼고 비슷하게 만들 만큼 잘 만들었다고 자평합니다. 아직 7년이 지난 지금도 UI가 거의 그대로 유지되고 있으며 여러 업체에서 필자에게 연락하여 몰래 만나 벤치마킹하고 싶다고 했지만 거절했던 일화들도 있습니다. 그렇게 대략 21년을 근속한 뒤 뜻한 바가 있어 회사를 그만두었습니다.

본문에서도 자주 언급하겠지만 해외에서의 경험이 많은 도움이 되었습니다. 글로벌 세미나에 참석해서 배우는 것을 워낙 좋아했고, 회사에서 국내에 없는 사례를 배우거나 프로젝트를 성공적으로 이끌었을 때 윗분들에게 포상 차원으로 요청하여 수락받고 다녀오기도 했습니다. 지금까지 20여 개국, 70여 개 도시를 방문했습니다.

21년 직장 생활을 하는 동안 약 300여 권의 경영, 전략, 역사 관련 도서를 읽었습니다. 매일 공부를 게을리하지 않았다고 자부합니다. 책을 통한 인연도 잊을 수가 없습니다. 사내 '리테일 혁신'을 이끌던 2013년, 인사이트를 얻기 위해 도서 강연회에 찾아갔다가 인연을 맺게 된 카이스트 윤태성 교수님은 현재까지도 존경하는 멘토로 모시고 있습니다. 그리고 현재는 '디지털 경제 협의회' 회장을 맡아 주셔서 너무나 감사한 마음입니다.

블록체인 관련 활동 이력

2020년

12월 '블록체인 인사이트 by 키웨스트' 방송 시작

아프리카TV를 시작으로 유튜브 방송으로 변경

2021년

3월 디지털콘텐츠 경제지 더게임스데일리 '키웨스트의 코인스토리 칼럼'
연재 시작 총 50편, 주 1회 연재 (2021년 3월 3일~2022년 2월 23일)

5월 키웨스트77 설립 (현 대표)

6월 디지털경제협의회 설립 (현 사무국장)

11월 디지털 자산 평가 기술 이전 (카이스트-〉키웨스트77)

2022년

3월 유럽 (독일, 네덜란드, 벨기에, 룩셈부르크, 체코) 업황 조사

5월 블록체인 관련 재단 조사. 미국 (샌프란시스코, 산호세)

6월 Consensus 2022 by Coindesk (오스틴, 미국)

6월 블록체인 관련 재단 조사. 미국 (시애틀)

8월 Korea Blockchain Week 2022 (서울)
한국폴리텍대학 정보통신 세미나 초청 강연(2022년 8월 5일)
대상: 폴리텍대학 정보통신 관련 교수진

9월 UDC 업비트 개발자 컨퍼런스 (부산)

10월 BWB 블록체인 위크 부산 2022 (부산)

2023년

2~3월 베트남 호찌민, 하노이 시장 조사 / 호찌민 현지인 블록체인 특강 & 팬 미팅

3월 글로벌 토크노믹스 포럼 (국회도서관, 서울)

3월 한국블록체인산업진흥협회 DMCC, 두바이 in 서울 (서울)

4월 BCMC 블록체인 밋업 컨퍼런스 (서울)

4월 2023 부산 블록체인 컨퍼런스 (부산)

5월 인천 메타노믹스 (송도)

5월 디지털자산특별위원회 민당정 간담회 (국회의원회관, 서울)

5월 23년 컨센서스 by 코인데스크 리뷰 인 서울 (서울)

5월 메타버스 핵심기술, 블록체인 기반의 기술사업화 전문 인력 양성과정 강의 | 한국에이아이블록체인융합원 전문 강사

6월 일본(도쿄, 나고야) 업황 조사

9월 Korea Blockchain Week 'IMPACT' 2023

[기타]

한국에이아이블록체인융합원 전문 강사

YTN 8시 뉴스 출연 (22년 2월 27일)

KBS 9시 뉴스 출연 (23년 5월 11일)

블록체인허브 포럼, '키웨스트의 암호화폐 사령부' 운영
https://blockchainhub.kr/bbs/board.php?bo_table=keywest

아프리카TV '키웨스트77' 최고 신인BJ 6위, 금융부문 7위 (21년 초, 약 3개월간 성과)

아프리카TV 113기 '뉴비존' 신인 우수 BJ선정 (경쟁 신인 BJ 약 2만명)

국회의원 블록체인 관련 입법 지원 활동 (2022~2023년 현재)

키웨스트의 디지털 자산 투자

키웨스트 추천 영상 Top 12

NO	제목	설명	업로드 날짜
1	부자 되는 비밀을 알려드 립니다. Part 1	1부의 주된 내용은 · 기버(Giver) · 매처 (Matcher) · 테이커(Taker)의 설명으로 부 자가 되는 비밀의 핵심 내용이므로 이 부 분을 먼저 이해하고 시청하시면 좋을 것 같습니다.	2023. 3. 6
2	부자 되는 비밀을 알려드 립니다. Part 2	2부의 주된 내용은 · 기버(Giver) · 매처 (Matcher) · 테이커(Taker)의 표현 방식에 대한 설명입니다. 부자가 되고 싶다면 '현 재 나의 모습'을 먼저 살펴보셨으면 좋겠습 니다.	2023. 3. 15
3	차트는 만능 치트키가 아 니다 1부	'차트는 만능 치트키가 아니다'에 관한 내 용입니다. 개인들은 왜 투자에 실패할까요? 오늘 영 상을 통해 본인의 실력을 스스로 체크하면 서 앞으로 투자할 때 어떤 습관을 가지고 투자해야 하는지 생각해보는 귀중한 시간 이 되셨으면 좋겠습니다	2023. 2. 6
4	차트는 만능 치트키가 아 니다 2부	'차트는 만능 치트키가 아니다' 2부에 관한 내용입니다. 투자에서 선행하는 지표는 한 가지도 없습니다. 차트라는 한 가지 변수 외에 여러 변수를 고려해야 하는데요. 제 대로 된 투자를 하고 싶다면 이 영상을 참 고하십시오.	2023. 2. 10
5	카지노에서 돈을 잃게 되 는 확률적 근거 1부	디즈니플러스에서 핫한 '카지노'라는 드라 마를 아시나요? '카지노'에 가면 '바카라' 게임을 플레이할 수 있습니다. 그런데 사 람들 대부분은 50:50 확률로 이길 수 있는 게임으로 알고 있지만 게임 속에는 확률에 관한 중요한 '확률적 근거'가 숨겨져 있습 니다. '카지노'에서 게임을 하면 할수록 돈 을 잃게 되는 이유를 금일 영상에서 명쾌 하게 설명드립니다.	2023. 1. 19

NO	제목	설명	업로드 날짜
6	카지노에서 돈을 잃게 되는 확률적 근거 2부	1부 영상을 먼저 시청하시고 오면 내용을 이해하는 데 도움이 됩니다. 카지노에서 돈을 잃게 되는 확률적 근거 2부를 공개합니다!	2023. 1. 26
7	선물투자, 레버리지를 조심해야 하는 이유	선물투자를 통해 빠르게 돈을 벌고 싶은 투자자분이 계신가요? 현재 시점에 특히 선물투자의 유혹에 빠질 수 있는데 유혹을 이겨 내셔야 합니다. 영상에서 그 이유를 상세히 알려드립니다.	2022. 11. 22
8	지인은 전문가가 아니다	우리 주변에 전문가라고 할 수 있는 분들은 몇 분이나 될까요? 투자에 관련된 조언 혹은 도움을 주겠다고 접근하는 지인분들을 경계해야 합니다. 오늘은 '지인은 전문가가 아니다'라는 주제를 다뤄봤습니다. 앞으로도 '키웨스트의 생각'을 시청하시고 함께 변화하며 성장하시기를 바랍니다.	2022. 12. 6
9	한결같은 태도가 성공에 미치는 영향	오늘의 영상은 '태도'와 관련된 주제입니다. 한결같은 '태도'가 '성공'에 얼마나 영향을 미치는지 여러분들께 말씀드리려고 합니다. 본 영상 촬영은 일요일 새벽에 일어나서 떠오른 생각을 샤워 후 아침 8시경에 촬영한 것입니다. 앞으로 저와 함께 '성장 마인드 셋'을 배우며 변화하고 성장해 가셨으면 좋겠습니다.	2022. 12. 2
10	경제 공부 이렇게 해보세요!	사람들은 말합니다 "어떻게 하면 쉽게 경제 공부를 할 수 있을까요?" 저는 대답합니다. "쉽게 얻으면 쉽게 떠납니다." 오늘은 경제 공부에 관한 이야기를 해볼까 합니다	2022. 12. 16
11	조건부 확률로 이기는 투자 비법, 20년 12월 26일 (토) 영상 재편집	본 영상은 20년 12월 26일(토) 자동차와 염소 조건부 확률을 재편집한 영상입니다. 조건부 확률의 정확한 설명과 조건부 확률을 활용하여 어떻게 종목을 선정하는지 자세히 설명하였습니다.	2022. 11. 29
12	치트 설정 법, 차드 보는 법/코린이 필수 시청 영상!	이동평균선, 차트 설정, 차트 보는 법 핵심 정리	2022. 10. 19

키웨스트의 디지털 자산 투자

암호화폐 시가총액 순위 Top 100

코인마켓캡, 2023년 8월 22일 기준

순위	한글이름	영문이름	티커	시가총액	유통량		
					총 공급량	유통 공급량	유통비율
1	비트코인	Bitcoin	BTC	680조3천억원	21,000,000	19,460,000	92.7%
2	이더리움	Ethereum	ETH	270조2천억원	120,000,000	120,000,000	100.0%
3	테더	Tether USDt	USDT	111조9백억원	82,846,484,081	82,846,484,081	100.0%
4	바이낸스코인	BNB	BNB	44조5천억원	153,851,742	153,851,742	100.0%
5	리플	XRP	XRP	37조8천억원	100,000,000,000	52,841,868,447	52.8%
6	유에스디코인	USD Coin	USDC	34조8천억원	25,979,601,108	25,979,601,108	100.0%
7	에이다	Cardano	ADA	12조7천억원	45,000,000,000	35,048,921,858	77.9%
8	도지코인	Dogecoin	DOGE	12조7백억원	140,675,866,384	140,675,866,384	100.0%
9	솔라나	Solana	SOL	11조3천억원	407,644,380	407,644,380	100.0%
10	트론	TRON	TRX	9조1천억원	89,419,560,976	89,419,560,976	100.0%
11	폴카닷	Polkadot	DOT	7조3천억원	1,214,817,276	1,214,817,276	100.0%
12	폴리곤	Polygon	MATIC	7조2천억원	10,000,000,000	9,319,469,069	93.2%
13	다이코인	Dai	DAI	7조1천억원	5,347,888,596	5,347,888,596	100.0%
14	시바이누	Shiba Inu	SHIB	6조6천억원	589,346,914,631,298	589,346,914,631,298	100.0%
15	라이트코인	Litecoin	LTC	6조5천억원	84,000,000	73,564,002	87.6%
16	톤코인	Toncoin	TON	6조3천억원	3,431,892,088	3,431,892,088	100.0%
17	랩트비트코인	Wrapped Bitcoin	WBTC	5조7천억원	162,405	162,405	100.0%
18	아발란체	Avalanche	AVAX	4조9천억원	720,000,000	344,056,001	47.8%
19	비트코인 캐시	Bitcoin Cash	BCH	4조8천억원	21,000,000	19,481,800	92.8%
20	레오	UNUS SED LEO	LEO	4조7천억원	929,551,798	929,551,798	100.0%
21	스텔라루멘	Stellar	XLM	4조6천억원	50,001,806,812	27,380,635,918	54.8%
22	체인링크	Chainlink	LINK	4조5천억원	1,000,000,000	538,099,970	53.8%
23	바이낸스 유에스디	Binance	BUSD	4조3천억원	3,242,446,862	3,242,446,862	100.0%
24	유니스왑	Uniswap	UNI	3조7천억원	1,000,000,000	577,501,031	57.8%
25	트루유에스디	TrueUSD	TUSD	3조6천억원	2,763,461,424	2,763,461,424	100.0%
26	모네로	Monero	XMR	3조6천억원	18,321,069	18,321,069	100.0%
27	코스모스	Cosmos	ATOM	3조5천억원	346,608,690	346,608,690	100.0%
28	오케이비	OKB	OKB	3조4천억원	60,000,000	60,000,000	100.0%
29	이더리움 클래식	Ethereum Classic	ETC	2조9천억원	210,700,000	142,602,562	67.7%
30	헤데라	Hedera	HBAR	2조7천억원	50,000,000,000	32,983,824,902	66.0%

순위	한글이름	영문이름	티커	시가총액	유통량		
					총 공급량	유통 공급량	유통비율
31	인터넷 컴퓨터	Internet Computer	ICP	2조2천억원	441,667,733	441,667,733	100.0%
32	파일코인	Filecoin	FIL	2조1천억원	442,841,245	442,841,245	100.0%
33	리도 다오	Lido DAO	LDO	1조9천억원	1,000,000,000	879,853,916	88.0%
34	맨틀	Mantle	MNT	1조8천억원	6,219,316,768	3,234,268,325	52.0%
35	앱토스	Aptos	APT	1조8천억원	226,382,568	226,382,568	100.0%
36	크로노스	Cronos	CRO	1조7천억원	30,263,013,692	25,263,013,692	83.5%
37	아비트럼	Arbitrum	ARB	1조7천억원	1,275,000,000	1,275,000,000	100.0%
38	퀀트	Quant	QNT	1조6천억원	14,881,364	12,072,738	81.1%
39	비체인	VeChain	VET	1조6천억원	86,712,634,466	72,714,516,834	83.9%
40	니어 프로토콜	NEAR Protocol	NEAR	1조5천억원	941,671,517	941,671,517	100.0%
41	메이커	Maker	MKR	1조4천억원	1,005,577	977,631	97.2%
42	옵티미즘	Optimism	OP	1조3천억원	4,294,967,296	716,708,907	16.7%
43	더 그래프	The Graph	GRT	1조2천억원	9,156,080,506	9,156,080,506	100.0%
44	에이브	Aave	AAVE	1조1천억원	16,000,000	14,520,570	90.8%
45	씬핀 네트워크	XDC Network	XDC	1조7백억원	13,857,615,832	13,857,615,832	100.0%
46	알고랜드	Algorand	ALGO	1조1백억원	10,000,000,000	7,827,174,963	78.3%
47	엑시인피니티	Axie Infinity	AXS	9천9백억원	270,000,000	140,847,467	52.2%
48	멀티버스엑스	MultiversX	EGLD	9천5백억원	31,415,926	25,858,964	82.3%
49	샌드박스	The Sandbox	SAND	9천3백억원	3,000,000,000	2,057,931,926	68.6%
50	스택스	Stacks	STX	9천3백억원	1,818,000,000	1,399,629,308	77.0%
51	유에스디디	USDD	USDD	9천3백억원	725,332,035	725,332,035	100.0%
52	이뮤터블엑스	Immutable	IMX	9천2백억원	2,000,000,000	1,123,390,887	56.2%
53	테조스	Tezos	XTZ	8천9백억원	949,756,506	949,756,506	100.0%
54	인젝티브	Injective	INJ	8천6백억원	100,000,000	83,755,556	83.8%
55	이오스	EOS	EOS	8천5백억원	1,100,305,025	1,100,305,025	100.0%
56	쎄타토큰	Theta Network	THETA	8천3백억원	1,000,000,000	1,000,000,000	100.0%
57	팬텀	Fantom	FTM	8천1백억원	3,175,000,000	2,802,381,165	88.3%
58	비트코인 에스브이	Bitcoin SV	BSV	7천9백억원	21,000,000	19,266,077	91.7%
59	에이프코인	ApeCoin	APE	7천8백억원	1,000,000,000	368,593,750	36.9%
60	디센트럴랜드	Decentraland	MANA	7천7백억원	1,893,095,371	1,893,095,371	100.0%
61	신세틱스	Synthetix	SNX	7천7백억원	308,069,419	268,949,493	87.3%
62	토르체인	THORChain	RUNE	7천6백억원	500,000,000	340,608,471	68.1%
63	렌더 토큰	Render	RNDR	7천1백억원	536,870,912	371,908,453	69.3%
64	네오	Neo	NEO	6천7백억원	100,000,000	70,538,831	70.5%
65	팍스 달러	Pax Dollar	USDP	6천7백억원	506,100,005	506,100,005	100.0%

키웨스트의 디지털 자산 투자

순위	한글이름	영문이름	티커	시가총액	유통량		
					총 공급량	유통 공급량	유통비율
66	카바	Kava	KAVA	6천6백억원	708,624,472	708,624,472	100.0%
67	로켓 풀	Rocket Pool	RPL	6천5백억원	19,620,795	19,620,795	100.0%
68	플로우	Flow	FLOW	6천4백억원	1,036,200,000	1,036,200,000	100.0%
69	쿠코인 토큰	KuCoin Token	KCS	6천3백억원	170,118,638	96,732,986	56.9%
70	이캐시	eCash	XEC	6천3백억원	21,000,000,000,000	19,476,067,173,093	92.7%
71	팍스 골드	PAX Gold	PAXG	6천3백억원	249,150	249,150	100.0%
72	테더 골드	Tether Gold	XAUt	6천2백억원	246,524	246,524	100.0%
73	칠리즈	Chiliz	CHZ	6천2백억원	8,888,888,888	7,109,045,988	80.0%
74	갈라	Gala	GALA	6천1백억원	50,000,000,000	22,999,654,740	46.0%
75	클레이튼	Klaytn	KLAY	6천1백억원	3,193,789,078	3,193,789,078	100.0%
76	프락스 쉐어	Frax Share	FXS	5천9백억원	73,108,227	73,108,227	100.0%
77	페페	Pepe	PEPE	5천8백억원	420,690,000,000,000	391,790,000,000,000	93.1%
78	커브	Curve DAO Token	CRV	5천7백억원	3,303,030,299	857,617,928	26.0%
79	아이오타	IOTA	MIOTA	5천5백억원	2,779,530,283	2,779,530,283	100.0%
80	비트토렌트	BitTorrent	BTT	5천5백억원	951,421,714,286,000	951,421,714,286,000	100.0%
81	콘플럭스	Conflux	CFX	5천4백억원	3,168,420,738	3,168,420,738	100.0%
82	지캐시	Zcash	ZEC	5천4백억원	21,000,000	16,328,269	77.8%
83	캐스퍼	Casper	CSPR	5천4백억원	11,261,124,814	11,261,124,814	100.0%
84	미나	Mina	MINA	5천2백억원	954,401,339	954,401,339	100.0%
85	테라 클래식	Terra Classic	LUNC	5천2백억원	5,813,807,400,842	5,813,807,400,842	100.0%
86	수이	Sui	SUI	5천1백억원	10,000,000,000	723,162,190	7.2%
87	후오비 토큰	Huobi Token	HT	5천1백억원	500,000,000	162,233,844	32.5%
88	게이트 토큰	GateToken	GT	4천9백억원	96,043,730	96,043,730	100.0%
89	트러스트 월렛	Trust Wallet Token	TWT	4천8백억원	1,000,000,000	416,649,900	41.7%
90	저미니 달러	Gemini Dollar	GUSD	4천8백억원	361,899,316	361,899,316	100.0%
91	지엠엑스	GMX	GMX	4천4백억원	8,959,548	8,959,548	100.0%
92	컴파운드	Compound	COMP	4천4백억원	10,000,000	7,807,992	78.1%
93	넥소	Nexo	NEXO	4천4백억원	1,000,000,000	560,000,011	56.0%
94	아펜프트	APENFT	NFT	4천2백억원	999,990,000,000,000	990,105,683,025,577	99.0%
95	대시	Dash	DASH	4천1백억원	18,900,000	11,416,988	60.4%
96	플레어	Flare	FLR	4천1백억원	22,689,989,147	22,689,989,147	100.0%
97	우네트워크	Woo Network	woo	4천1백억원	1,735,668,828	1,735,668,828	100.0%
98	디와이디엑스	dYdX	DYDX	3천9백억원	1,000,000,000	156,256,174	15.6%
99	알위브	Arweave	AR	3천9백억원	66,000,000	65,454,185	99.2%
100	시바스왑	Bone ShibaSwap	BONE	3천8백억원	250,000,000	229,923,351	92.0%

부록 4
자산별 시가총액 순위

Infinite Market Cap, 2023년 8월 31일 기준

순위	이름	시가총액($)	시가총액(한화)	가격($)	24h	7d
1	Gold	$13,021 T	1.7 경원	1,973	0.0%	1.5%
2	Apple	$2,933 T	3,874 조원	188	1.9%	6.4%
3	Microsoft	$2,442 T	3,226 조원	329	0.1%	2.8%
4	Saudi Aramco	$2,252 T	2,975 조원	9	0.1%	0.7%
5	Alphabet (Google)	$1,719 T	1,557 조원	137	1.1%	5.0%
6	Silver	$1,405 T	1,856 조원	25	-0.5%	3.2%
7	Amazon	$1,393 T	1,840 조원	135	0.1%	2.5%
8	NVIDIA	$1,216 T	1,606 조원	493	1.0%	4.5%
9	Tesla	$815.39 B	1,077 조원	257	-0.1%	11.7%
10	Berkshire Hathaway	$787.19 B	1,040 조원	361	0.8%	1.9%
11	Meta Platforms (Facebook)	$759.33 B	1,003 조원	295	-1.0%	2.9%
12	Bitcoin	$530.15 B	700 조원	27,226	-0.7%	3.1%
13	Eli Lilly	$520.2 B	687 조원	548	-1.1%	N/A
14	Visa	$512.1 B	676 조원	246	0.4%	2.8%
15	TSMC	$491.56 B	649 조원	95	-0.3%	2.4%
16	UnitedHealth	$457.63 B	605 조원	492	-0.3%	0.7%
17	LVMH	$446.17 B	589 조원	864	-0.9%	1.7%
18	Exxon Mobil	$443.87 B	586 조원	111	1.0%	4.3%
19	Walmart	$434.08 B	573 조원	161	0.7%	2.8%
20	JPMorgan Chase	$430.56 B	569 조원	148	-0.4%	0.6%
21	Novo Nordisk	$420.87 B	556 조원	188	-1.2%	1.5%
22	SPDR S&P 500 ETF Trust	$413.92 B	547 조원	451	0.4%	3.2%
23	Tencent	$401.42 B	530 조원	42	-0.7%	2.6%
24	Johnson & Johnson	$394.26 B	521 조원	164	-0.4%	-0.8%
25	Mastercard	$389.99 B	515 조원	414	0.6%	4.1%
26	Broadcom	$368.23 B	486 조원	892	0.3%	4.4%
27	Procter & Gamble	$363.12 B	480 조원	154	0.1%	1.0%
28	iShares Core S&P 500	$354.37 B	468 조원	453	0.4%	1.9%
29	Vanguard S&P 500 ETF	$335.86 B	444 조원	414	0.4%	1.8%
30	Samsung	$333.31 B	440 조원	50	-0.3%	-1.9%

※ 2023년 대한민국 예산 638.7조원

키웨스트의 디지털 자산 투자

암호화폐 시대 부자 되는 원칙

키웨스트의
디지털 자산 투자

초판 1쇄 인쇄 | 2023년 9월 15일
초판 1쇄 발행 | 2023년 9월 25일

지은이 　　　| 심지훈(키웨스트)
펴낸이 　　　| 전준석
펴낸곳 　　　| 시크릿하우스
주소 　　　　| 서울특별시 마포구 독막로3길 51, 402호
대표전화 　　| 02-6339-0117
팩스 　　　　| 02-304-9122
이메일 　　　| secret@jstone.biz
블로그 　　　| blog.naver.com/jstone2018
페이스북 　　| @secrethouse2018
인스타그램 　| @secrethouse_book
출판등록 　　| 2018년 10월 1일 제2019-000001호

ⓒ 심지훈, 2023
ISBN 979-11-92312-63-7 03320